西藏

བོད་ཡུལ།

TIBET

圖 片 西 藏 古 今

責任編輯　李　安
裝幀設計　洪清淇

書　　名　圖片西藏古今
編　　著　廖東凡　張曉明　周愛明
出版發行　三聯書店（香港）有限公司
香港域多利皇后街九號
JOINT PUBLISHING (H.K.) CO., LTD.
9 Queen Victoria Street, Hong Kong
印　　刷　陽光印刷製本廠
香港柴灣安業街三號七樓
版　　次　1998年8月香港第一版第一次印刷
2001年3月香港第一版第二次印刷
規　　格　大16開 (210×255 mm) 224面
國際書號　ISBN 962・04・1504・3

Published & Printed in Hong Kong

圖片

西藏古今

PICTORIAL TIBET
ANCIENT AND MODERN

廖東凡　張曉明　周愛明編著

三聯書店（香港）有限公司

目錄
Contents

史前至公元十三世紀
From Pre-History to the 13th Century AD

公元十三到二十世紀
From 13th to 20th Centuries AD

近代西藏
Modern Tibet

王堯序

朋友！若你置身於浩浩莽莽的風雪高原，你會驚嘆山川之壯美雄奇，風光景色之秀美瑰麗，寺廟建築之璀巍燦爛，民間風俗之樸厚純良。你自然地會對宇宙的井然秩序，大千世界的和穆雍熙感到十分欽羨和敬畏！你就會由衷地讚頌偌大的中國有如此壯觀的西藏高原！那皚皚如銀的白雪，那層巒疊障的巍峨群山，那碧綠如茵的山南河谷，那輕柔飄拂的河邊柳絲，那汩汩細語般山溪澗水，那隨風冶蕩上下翻滾的秋禾，那悠揚迴蕩的寺院晚鐘，那松濤般宏亮的梵唄誦詞，那紅紅綠綠服飾彩色斑斕的婦女，那天真活潑，歡聲笑語的兒童，那手持唸珠喃喃唸誦的老人……一切一切都會使你心醉，使你傾倒，使你終生難忘。

我永遠懷念在西藏生活的日子。在那裡留下了腳印，從那裡帶回來記憶……多謝本書的幾位作者，他們用自己全身心的凝聚，用自己辛勤的汗水，把長期在西藏生活的親身體驗與研究的成果，組成這一部——《圖片西藏古今》。書中的圖片、文獻均極為珍貴，書中的語言簡潔而明快，在當今林林總總關於西藏歷史、文化、宗教的上百種著述中，可以説是難得的佳作。如果讀者衹想讀一本關於西藏的書，那末，我就建議你，讀一讀這一本書吧！

打開這本書，你會發現自己好像站在時間隧道和生命隧道的入口，隨着書頁的翻飛，自己也會超越時、空，在西藏高原上漫遊，在歷史長河中迴溯：

滄海桑田之衍變，高峰平湖之形成，雅隆部落之崛起，松贊干布、文成公主聯姻之佳話，赤松德贊甥舅之關係，佛教之傳入，文字之創製，漢藏和盟，……一場場好戲連台，一幕幕歷史頻現，歷史的步伐，人民的聲音都令人神往、低徊……薩迦班智達、八思巴、宗喀巴、五世達賴、六世班禪的登場，江孜炮台的戰火，1904年的槍聲，直到一江兩河的治理，六十二項工程的上馬啟動，均是轟轟烈烈震天動地。這本書以它有限的篇幅提供了西藏高原上無限生機的圖像。生生不息，寒來暑往，日月經天，山河匝地。這本書貫串着一條思路：蘊孕着綿延了五千年的中華文化，是各民族所共同締造的，是絢麗多彩、無比豐富的源泉。其中，就包涵了藏族所創立的豐功偉績。西藏高原文化不但豐富了中華文化，而且成為中華文化的有機部分。

序於中央民族大學富廬

王堯 (生於1928年)，字天挺，江蘇漣水人。先後就讀於南京大學中文系及中央民族學院藏文系。現為中央民族大學藏文教授及南京大學、奧地利維也納大學、香港中文大學、美國西來大學客座教授，其著作有《吐蕃金石錄》、《西藏文史考信集》、《敦煌本吐蕃歷史文書》等。

格勒序

當今世上論說西藏古今之著，可謂纍纍千萬，令人目不暇給，然而像《圖片西藏古今》一書似乎並不多見。過去常見的出版物，或有文無圖，或有圖不說，或文不對圖。然而《圖片西藏古今》卻能按圖索史，從古到今，把幾千年風風雨雨、錯綜複雜的西藏文明進程集中到八十個不到的專題中，透過精選的歷史事件、人物、制度等，勾勒出西藏千年歷史畫卷的概貌。雖難免掛萬漏一，未能通攬全史，但其開掘之功，難能可貴。更重要的是這部書圖文並茂，通俗易懂，新鮮別致，讀後感到極有趣味，適合各類讀者口味，是一部了解西藏歷史文化別開生面的新著。

實際上人類很早就有圖說歷史的傳統，今天我們說的巖畫(petroglyph)，就是人類最早「圖說」的形式之一。從舊石器時代到新石器時代，甚至更晚的時期，人類一直保持着在巖壁上彩繪或刻畫歷史的習慣。這些無字的歷史畫卷，便成為日後我們研究的重要材料。西藏高原的巖畫近年來發現越來越多，而且分布地域也相當廣泛，其中史前時期最具代表性的有當雄縣、班戈縣、申扎縣和阿里縣的巖畫。以阿里縣的日土巖畫為例，我們既可以看到狩獵、遊牧、戰爭等場面，又可以親眼目睹古代象雄本教的宏大祭祀場面——一百二十五個羊頭和十個估計是盛血的陶罐並排在神的面前。

此外，不同時期遺留下來色彩絢爛的壁畫、唐卡，也是文獻史料的佐證，甚至補其不足。事實上，藏區大部分寺院都有把歷史畫在牆壁上的傳統，因此，從壁畫中讀歷史，已成為西藏歷史研究的方法之一。好像布達拉宮內就有近七百幅壁畫，它們包括獼猴變人、唐代吐蕃松贊干布請婚及文成公主和後來的金城公主進藏，以至十四世達賴喇嘛坐床等歷史故事。

又不知從何時起，一些被西藏雪域高原吸引得如癡如醉的西方傳教士、探險家和中國內地的官員、學者，帶着照相機真實地記錄了多不勝數的珍貴照片，讓我們去考證、甄別，從而為歷史保存最真實的面貌。遺憾的是還有許多照片尚未收集到手，還有許多的地點、人物、事件尚未考證出來。

俗語說：「篳路藍縷，功在開闢。」《圖片西藏古今》為我們開了個好頭，可喜可賀！

序於北京亞運村

格勒 (生於1948年)，藏族，四川甘孜縣人。1986年在廣州中山大學人類學系取得博士學位，現為中國藏學研究中心研究員及社會經濟研究所所長。

史前至
公元十三世紀

From Pre-History to the 13th Century AD

1

從特提斯古海隆起的西藏高原

西藏高原位於中國西南部，面積約一百二十萬平方公里，平均海拔四千米。世界上海拔八千米以上的山峰共十四座，其中十座就集中在這片高原上，因此這裡被稱為「世界屋脊」或「第三極」。可是在億萬年前，這裡卻是一片古海，地質學家稱之為特提斯古海。

藏族史籍《布頓宗教源流》中對西藏高原由深海變高峰有着生動的描寫：「遠古時期，世界一片黑暗，空蕩蕩的，從虛幻之中，吹來靜謐的風，風越吹越大，雲越積越厚，頓時大雨傾盆，巨大的雨點像車輪一樣，大雨不停地下了許多年，雨停

一・一

一・二

一・三

了，出現原始的海。……原始的海上又吹來一股風，海面泛起層層微波，就像攪動牛奶一樣，形成許多泡沫覆蓋海面，泡沫變得凝重而發黃，就像從乳脂中提煉黃油一樣，大地從海中產生了……。」

科學家對喜馬拉雅山脈多年的考察也發現，構成其山體的片巖和片麻巖，是由海洋裡沉澱的泥沙經過巨大的壓力和高溫變質而成的，這種海洋積澱在珠峰地區的厚度有三萬多米，屬五億多年前奧陶紀到四千萬年前的早第三紀地層。這種地層中包含了許多化石，已找到的有二十多門類，五百多屬，約一千餘種。如六十年代中葉發現的珊瑚、海百合、鸚鵡螺等化石。

科學家們描述說，大約在中生代（公元前二億三千萬年一公元前六千七百萬年）中期，地殼運動強烈起來，火山激烈噴發，海相和陸相沉積相撞，環境比較動蕩。到了新生代時期（公元前六千七百萬年一現在），印度次大陸板塊從南半球北移，到四千萬年前撞到亞洲大陸上，終於使喜馬拉雅山脈從海底正式隆起，成為地球上最年輕最高大的山脈。特提斯古海的地貌和遺跡至今在西藏還能找到，西藏高原成為滄海變桑田的歷史見證。

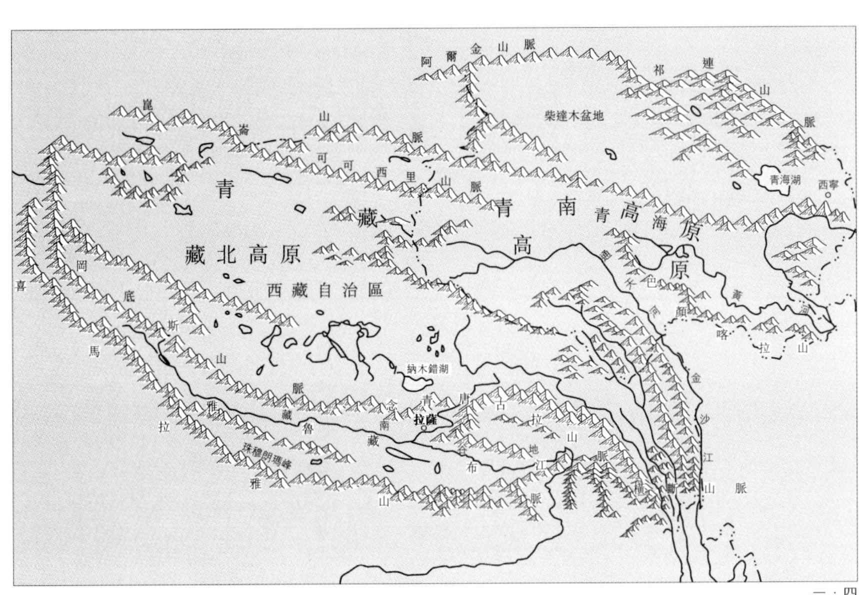

一·四

一·五

一·六

一·一 圖為位於世界最高山脈喜馬拉雅山北坡、最高峰珠穆朗瑪峰（海拔八千八百四十八米）附近的絨布冰川。（陳宗烈攝於一九六〇年）

一·二 位於定日附近（海拔四千五百米）的喜馬拉雅山山體，從裸露的沙石相間的巖體，可以看出其曾有的海陸沉浮，後承恢宏的造山運動，橫空出海，不斷隆升，形成地球上最年輕的高原山脈。（徐風翔攝於一九八四年）

一·三 阿里西部的班公湖高原牧場，海拔四千二百米。（旺久攝於八十年代初）

一·四 青藏高原地勢圖（參見《西藏》一九七七年版）

一·五 珠穆朗瑪峰地區的冰塔，海拔五千九百米處。（陳宗烈攝於一九六〇年）

一·六 世界最高峰——珠穆朗瑪峰，海拔八千八百四十八米。（陳宗烈攝於一九六〇年）

2

藏族人起源的傳說

關於藏族人的起源，藏族史書上記載了民間口口相傳的故事：很久很久以前，一隻受了神諭的獼猴在雅隆河谷的一個山洞裡修行，遭一個魔巖女在洞前百般引誘。神靈指示獼猴，這是上天之意，是吉祥之兆；你與她結合，在雪域繁衍後代，是莫大的善事。獼猴與魔女結為伴侶後，生下六隻小猴，牠們性情愛好各不相同，在樹林裡各自尋食生活。三年後，當獼猴前去探望子女時，牠們已繁衍到五百隻，林中果實已枯竭，生活淒慘。老猴返回神靈處，取得天生五穀種子，撒向大地，使大地不經耕種就長出各種穀物，猴子們因而得到充足的食物，尾

二・一

巴慢慢變短，也能說話了，逐漸變成為人，牠們就是雪域高原的先民。

獼猴變人的故事在藏族民間廣為流傳，不僅記錄進了古老的經書中，也被畫進了壁畫裡。在布達拉宮主體建築紅宮的走廊上，有集西藏著名畫師四百餘人精心繪製的六百九十八幅壁畫，其中有兩處描繪了藏族人起源的故事。在羅布林卡內達賴喇嘛住的新宮二樓經堂裡，也有這個故事的壁畫。西藏山南的澤當，就是以「猴子玩耍之地」而得名的，澤當人會指着鎮後的沙當貢布日山告訴人們，山上有傳說中的獼猴住過的山洞。在離澤當三公里的撒拉村，有藏族傳說中的第一塊青稞地，是猴子扒出的土地，是西藏的土地之母。至今每逢播種的季節，藏民們都要到這裡抓一把神土，祈求祖先保佑豐收。

二·二

二·三

二·一 布達拉宮內珍藏的猴子變人的唐卡（卷軸畫），為十七世紀門唐派畫師繪製，筆觸細膩，佈局合理，原件為彩色。（陳宗烈攝）

二·二 山南澤當沙當貢布日山上的猴子洞，澤當藏語為「猴子玩耍之地」。相傳藏人的先民是由獼猴變成的，而該洞便是獼猴居住之處。現在已成為藏族人頂禮膜拜的聖跡。（陳宗烈攝於五十年代中）

二·三 澤當附近沙當貢布日山上的魔女洞，傳說獼猴與魔女的結合，繁衍了雪域的藏人。（陳宗烈攝於五十年代中）

3

新石器時代的兩大遺跡

傳說歸傳說，藏族的祖先到底來自何方，學術界一直有不同看法，「南來說」、「北來說」和「當地土著說」等等不一而足，而本世紀六十年代以來的考古發現，對這個問題也提供了不少資料。西藏的考古發現是很多的，地質學家和考古學家先後在西藏定日縣的蘇熱、申扎縣的多格則、日土縣的扎布和普蘭縣的霍爾區等地，發現了舊石器遺址十六處、細石器遺址三十九處、新石器遺址六處。其中林芝文化遺址發現了古人類和古脊椎動物化石。

在各次考古中，比較完整的考古發掘是昌都卡若遺址和拉

三·一

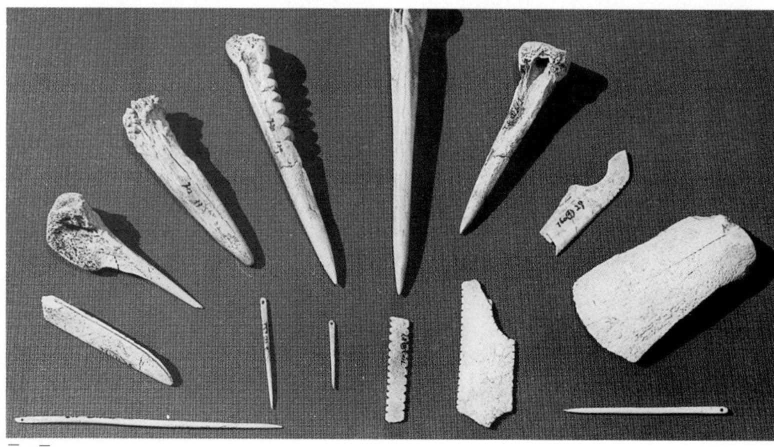
三·二

三·三

薩曲貢遺址。昌都卡若遺址位於昌都縣城十二公里處的卡若村，發現於一九七七年，面積約一千平方米。一九七八年和一九七九年的兩次發掘中，又發現了面積一千八百平方米的遺址，發掘了房屋基址二十八座、道路兩條、石牆三段、圓石台兩座、石圍圈三座；出土石器、陶器和骨器萬餘件。經碳十四同位素測定，此遺址距今四千五百年。從大量粟粒、穀灰的出土，證明四千多年前，這裡的土著居民，以農業為其生活的主要來源，狩獵、採集是不可少的輔助手段。距拉薩五公里的曲貢遺址，一九八四年發現並進行了小規模的發掘，一九九〇年再次發掘，發現面積五百平方米的遺跡，主要為灰坑、墓葬等。出土文物非常豐富，主要是石器、陶片、骨器和獸骨，距今約四千多年。發掘表明，這裡曾是原始人長期生活的一個定居點，證明早在雅隆部落遷都拉薩之前，這裡就有人居住。

上述兩處新石器時代的考古發現，證明了藏族的祖先是生活在西藏高原上的土著居民，在長期的發展過程中，西藏當地的土著居民和青海甘肅一帶遷徙來的羌人融合發展，形成了今日的藏族。

三·四

三·五

三·一 卡若遺址出土的部分石器（陳宗烈攝於一九七九年）

三·二 卡若遺址出土的各種骨器，其中最小的一根骨針，長度只有二點四厘米。（康松攝於一九七九年）

三·三 公元一九七七年發現的昌都卡若遺址，一九七八和一九七九年兩次進行發掘。圖為卡若遺址石牆建築遺址，體形規正，結構堅固，房中有分佈均勻的石洞，具有濃厚的地方色彩，在世界建築遺址中是罕見的。（戴紀明攝於一九七九年）

三·四 卡若遺址出土的雙體獸形陶罐，在內地同時期的新石器遺址中，極為少見。（康松攝於一九七九年）

三·五 曲貢遺址出土的陶罐。陶罐是曲貢遺址常見器型，以夾沙陶為主，製法多手製，也出現慢輪加工，是典型的曲貢陶罐。（侯石柱攝於八十年代中）

4

原始的本教信仰

藏族的原始信仰為本教，又稱「本波教」，它是佛教傳入西藏之前，流行於藏區的原始宗教。本教是在現今阿里地區南部，古稱象雄的地區發展起來的，後來沿着雅魯藏布江自西向東廣泛傳播到整個藏族地區。據傳本教的祖師叫「辛繞米沃且」，「辛繞」意為最高的巫師。

本教是一種萬物有靈的信仰，所崇拜的對象包括天、地、日、月、星宿、雷電、山川、土石、草木、禽獸等所有自然物。本教將世界分為天、地、地下三個部分，天上的神叫「贊」，地上的神叫「年」，地下的神為「魯」。天神是至高無上的神，傳

四・一

四・二

四・三

四・四

四・五

說雅隆部落的第一代贊普（部落首長的稱號）就是天神之子，順天梯降到人間的。作為各種神靈在人間的使者，巫師是本教活動的主要執行者。巫師在藏族古代社會裡具有崇高的地位，他們是神的代言人，懂法術，能役使精靈鬼怪，因而又是人們生活的指導者和保護者。從婚喪嫁娶、農耕放牧到交兵會盟、贊普的安葬建陵、新贊普的繼位主政，都要由本教巫師來決定。其後雅隆政權內有一個專門的官員叫「敦那敦」，擔任這一職位的巫師還可以參加吐蕃各項大事的決策。

隨着巫師權力的膨脹，贊普權力逐漸被削弱，雅隆王室與本教的矛盾日益尖銳。佛教傳入後，佛教和本教之間的衝突幾起幾落。直到公元八世紀中葉，隨着佛教逐漸取得藏區的統治地位，本教勢力才逐漸削弱，後被迫轉移到藏北、阿里以及喜馬拉雅山森林地區，至今這些地區仍有本教的寺院、僧侶和信徒。

四・六

四・七

四・一 許多本教的宗教舞蹈，由丁青嘎里寺保留至今。圖為本教虎舞的一個場面。（張鷹攝於八十年代中）

四・二 西藏至今的許多山頭、山腳下都有祭祀山神的經幡。（文群太攝於一九九七年）

四・三 丁青寺是藏東的一座古老的本教寺院，圖為該寺的外貌。（張鷹攝於八十年代中）

四・四 羌納寺，是位於雅魯藏布江北岸林芝的一座很大的本教寺院，圖為該寺經堂。（陳宗烈攝於五十年代中）

四・五 阿里普蘭縣的本教寺院古魯江寺，居高臨下，絕壁凌空，是一座很古老的寺院。（張鷹攝於八十年代中）

四・六 本教徒在他們的衣服上縫有本教的「雍仲」標誌，即逆時針的「卍」字圖案。（旺多攝於八十年代末）

四・七 本教護法神，一般繪在不同顏色的旗幟上。跳神舞時，將其插在場地的四角。（張鷹攝於八十年代中）

5

雅隆部落的崛起

新石器時代的晚期（公元前四世紀），西藏各地分居着許多氏族、部落，在不斷兼併的過程中，先是有小王四十四個，後來形成十二個部落聯盟，雅隆部落就是其中之一。

據藏文文獻記載，公元前一二六年，聶墀贊普成為雅隆部落悉補野（又稱蕃國）的首領後，將一些小邦收為屬民，建起了西藏第一座城堡雍布拉康宮。從聶墀贊普起，雅隆政權共傳了三十二代。第八代贊普布德貢嘉定「君臣之分」，以「三舅臣」、「四大臣」、「父王六臣」分掌軍政事務。他建立軍隊，扶植本教，維護自己的統治。此時，雅隆的社會、經濟、文化

五・一

五・二

五・一 雅隆部落牧人將聶墀贊普抬在肩上、尊為首領的壁畫（局部），此壁畫繪於雍布拉康內。（《中國西藏》雜誌社資料室提供）

五・二 布德貢嘉時期（公元一世紀前後），西藏出現了冶煉術，使農業生產工具有了很大的改進。圖為五十年代初繪製在羅布林卡新宮牆上的壁畫冶煉圖，形象地反映了這個歷史時期的生產水平。（《中國西藏》雜誌社資料室提供）

五・三 雅隆部落酋長世系表（參見《西藏通史——松石寶串》一九九六年版）

五・四 西藏第一座城堡——雍布拉康，相傳為公元二世紀時雅隆部落第一代首領聶墀贊普始建。（陳宗烈攝於一九五八年）

五・五 山南雅隆河谷。公元一世紀前後，雅隆部落就在這片河谷上繁衍生息。（吳禕攝於九十年代初）

有了較大發展，開始掌握了銀、銅和鐵的冶煉術，並能製造兵器和農具，還開始修渠引水，灌溉農田，熬皮製膠等。八代贊普將其父親止貢贊普埋在清域達塘（今山南瓊結縣），這是藏族史上第一個陵墓，自此出現了修建陵墓的習俗。

第九代贊普托勒贊普時期，農牧業經濟有了顯著發展，已開始普遍使用鐵犁、鐵鍬，大力興建水利，「串連湖泊，廣作溝渠，引水灌田」，「於波地蓄停積水以作池，將山間泉水引出使用」。畜牧技術也有很大進步，出現了牦牛、騾子等雜交牲畜，並開始大量蓄草過冬。農牧業的發展促進了商業的繁榮，出現了升斗等度量衡器。經濟上的發展使雅隆部落的實力大大增強，西藏「諸小邦中三分之二置於它的統治之下」。到第二十七代贊普拉脫脫日年贊時期，佛教開始傳入吐蕃。第三十一代贊普囊日松贊繼位時，雅隆部落繼續對外用兵，兼併強鄰，尼木、堆龍、拉薩、達孜、彭波、墨竹工卡等前藏各地和後藏大部分地方都成為贊普的屬地。囊日松贊以大量屬地和成百上千的奴隸賞賜給有功的貴族和大臣，從此西藏的奴隸制社會進入了繁榮時期。

輩次	漢名	總稱
（一）	聶墀贊普	
（二）	穆墀贊普	
（三）	丁墀贊普	
（四）	索墀贊普	天墀七王
（五）	德墀贊普	
（六）	墀貝贊普	
（七）	止貢贊普	
（八）	布德貢嘉	上丁一王
（九）	托勒贊普	
（十）	肖勒贊普	
（十一）	廓茹勒贊普	地上六賢王
（十二）	仲協勒贊普	
（十三）	提肖勒贊普	
（十四）	伊肖勒贊普	
（十五）	薩囊森德	
（十六）	德墀波囊雄贊	
（十七）	賽諾囊德	
（十八）	德廓	水中八德王
（十九）	囊德諾納	
（二十）	賽德諾波	
（二十一）	德杰波	
（二十二）	嘉森贊	
（二十三）	嘉多惹隆贊	
（二十四）	墀贊納木	
（二十五）	墀扎邦贊	五贊王
（二十六）	墀脫贊	
（二十七）	拉脫脫日年贊	
（二十八）	墀聶松贊	
（二十九）	沒盧年德如	
（三十）	達布聶斯	
（三十一）	囊日松贊	
（三十二）	松贊干布	

五・三

五・四

五・五

6

吐蕃王朝的創建者松贊干布

松贊干布（公元六一七－六五〇年）是雅隆部落的最後一代，即第三十二代首領，又是吐蕃王朝的第一代贊普（藏王）。在松贊干布統治之前，雅隆部落內部出現分裂，囊日松贊被毒殺，「父王六臣」和「母后三臣」先後叛亂。位於西藏西部的羊同部落和藏北的蘇毗部落也發起進攻。公元六三〇年，松贊干布繼位，他平息了叛亂，穩定了內部，同時降服蘇毗，親征羊同，建立了西藏第一個奴隸制的政權——吐蕃王朝。

為鞏固新生的政權，松贊干布採取了一系列重大措施：如

六・一

六・二

六・三

輩次	漢名	在位年份
（一）	松贊干布	公元 630 － 650 年
（二）	芒松芒贊	公元 650 － 676 年
（三）	都松芒布結	公元 676 － 704 年
（四）	赤德祖贊	公元 704 － 754 年
（五）	赤松德贊	公元 754 － 797 年
（六）	牟尼贊普	公元 797 － 798 年
（七）	赤德松贊	公元 798 － 815 年
（八）	赤熱巴巾	公元 815 － 838 年
（九）	朗達瑪	公元 838 － 843 年

公元六三三年將吐蕃政權遷都拉薩，他在拉薩紅山之巔建造宮堡布達拉宮，並在宮堡周圍修道路、蓋房屋，逐漸使拉薩成為吐蕃政治、經濟和文化的中心。為鞏固其政權，贊普學習唐朝的做法，確定文武官制，任命各級官吏，派遣武官統領各地駐軍；劃定行政區域和兵制。他將吐蕃行政區劃分為十八個大地區，設立五個茹欽（即大茹，「茹」為西藏當時區域的藏文音譯），每個茹欽又分上下茹，每個分茹有五千戶，平時為農為牧，戰時為軍。同時加強吐蕃歷史上沿用已久的議事會盟制，以強化贊普的權力。松贊干布還減輕賦稅，與民生息，發展生產，繁榮經濟。他派人去天竺向西域諸國學習文字，創製了藏文和曆法，為發展吐蕃文化作出了很大貢獻。

松贊干布時代，吐蕃發展到鼎盛時期。為發展與周邊國家的關係，松贊干布一方面派出使者先後向尼婆羅和唐朝求婚，一方面憑着自己強大的武力，不斷對外擴張，北據吐谷渾，西征西域龜茲、疏勒、于闐、焉耆四鎮，東聯南詔，威振勃律、大食諸國，成為中國西部自秦漢以來最強大的軍事力量。

六・四

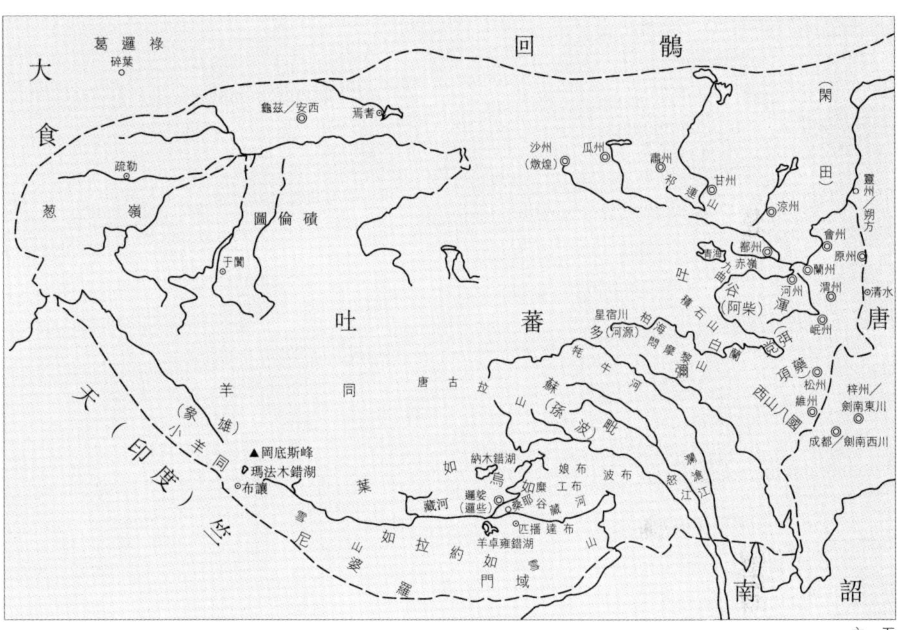

六・五

六・一 圖為是松贊干布始建的布達拉宮，最初繪於大昭寺，十七世紀重建布達拉宮時，又繪在布達拉宮的壁畫之中。從布達拉宮宏偉的外觀，充份看出松贊干布時期吐蕃王朝的鼎盛。（《中國西藏》雜誌社資料室提供）

六・二 大昭寺內的古代壁畫：吐蕃王朝時期的武士。（陳宗烈攝）

六・三 吐蕃贊普在位年表（參見《西藏通史——松石寶串》一九九六年版）

六・四 松贊干布的金頭盔，現藏於布達拉宮。（陳宗烈攝於八十年代中）

六・五 吐蕃王朝時期略圖（參見《中國歷史地圖集》一九九二年版）

六・六（後頁） 吐蕃王朝的締造者松贊干布，是西藏史上第一位建立統一政權的人，除了擁有強大的軍事力量外，他對吐蕃文化的發展也作了很多事情，但其最大的歷史貢獻，還是建立和發展了唐蕃關係，為後人永世銘記。圖為布達拉宮曲結竹普法王殿中的松贊干布塑像。（陳宗烈攝於五十年代中）

7

文成公主進藏

松贊干布時期(即公元七世紀初),正值唐朝貞觀年間,當時松贊干布深被唐朝高度發展的政治、經濟、文化所吸引,而銳意與唐朝修好。公元六四〇年,他派出使團攜黃金五千両及珍寶數百件赴唐都長安求婚,欲藉唐朝的聲威鞏固吐蕃政權,而唐太宗也意識到公主嫁給吐蕃對鞏固西陲的重要性。翌年,唐太宗將宗室女文成公主嫁給松贊干布。

據《西藏王統記》記載,文成公主進藏時,帶有大量的經典書籍,營造與工技著作,能治四百種病的醫方和醫療器具,以及農作物和蔬菜種子等。此外,還帶了一尊釋迦牟尼十二歲時的等

七·一

七·二

七·一 公元七世紀中葉,吐蕃英主松贊干布迎娶大唐文成公主,增進了唐蕃之間政治、經濟、文化的交流,圖為布達拉宮法王洞內的文成公主像,相傳塑造於吐蕃王朝時期。(陳宗烈攝)

七·二 吐蕃時期尼婆羅尺尊公主,亦為松贊干布之妃。圖為布達拉宮法王洞內的尼婆羅尺尊公主像。公主所攜釋迦牟尼八歲身像明久多吉,至今仍供奉在拉薩小昭寺主殿內。(陳宗烈攝)

身佛像。文成公主進藏後，教藏民耕翻土地，種植穀物，在河流上安裝碾磨，以磨碎青稞便於進食，及授以建築和釀酒等先進技術。公主還與侍女一起，教藏族婦女紡織和刺繡。自唐蕃聯姻後，松贊干布以及後來的贊普，與唐朝皇帝都以甥舅相稱。

在文成公主進藏之前的公元六三九年，松贊干布曾向尼婆羅(歷史上對尼泊爾的稱呼)求婚，尼婆羅國王以其女尺尊公主嫁給松贊干布。尺尊公主進藏時帶有許多大乘佛教的經典著作和一尊釋迦牟尼像，以及各種精巧的工藝品和工匠。後來她在文成公主的協助下，興建了大昭寺，在發展吐蕃文化和工藝技術，聯繫吐蕃與尼婆羅的關係等方面作出了貢獻。

後來藏人將文成公主所帶佛像供奉在大昭寺，將尺尊公主所帶佛像供奉在小昭寺，這座城市也從此被稱為拉薩(神域)。藏族人民非常崇敬這兩位公主，稱尼婆羅公主為「白莎」(尼后)，稱文成公主為「甲薩」(漢后)，並在布達拉宮和大昭寺等許多寺廟供奉她們的塑像，以紀念她們。

七·三

七·四

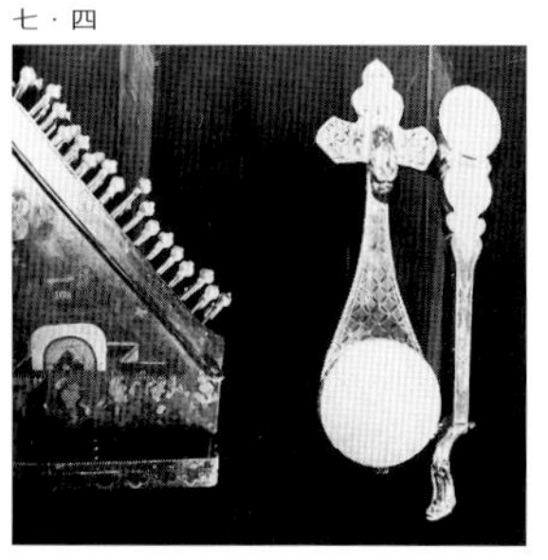

七·五

七·六

七·三 拉薩大昭寺是公元七世紀中葉修建的神廟，相傳此處原是碧波蕩漾的沃塘湖，由白山羊馱土填湖而成。圖為繪製於大昭寺牆上的山羊馱土填湖修建大昭寺的古老壁畫。（陳宗烈攝）

七·四 文成公主進藏時，隨身攜帶了經書典籍、醫方百種，還帶來了種子、農具、造紙、釀酒、雕刻工藝和各種樂器。圖中珍藏在大昭寺的樂器，相傳是當年文成公主帶來的。（《中國西藏》雜誌社資料室提供）

七·五 《步輦圖》，是唐朝名畫家閻立本所繪，它反映公元六四〇年吐蕃王派使者向唐朝皇帝請婚的一個歷史場景。圖右坐者為唐太宗，左第二人為吐蕃使者祿東贊。（陳宗烈攝）

七·六 拉薩大昭寺主殿內的釋迦牟尼十二歲等身佛像，係公元七世紀中葉由大唐文成公主從長安攜來，一千多年來一直受到信徒們的頂禮膜拜和無限崇信。（陳宗烈攝）

8

赤松德贊和桑耶寺

吐蕃第五代贊普赤松德贊（公元七四二－七九七年）是繼松贊干布後的第二位名王，與後來的第八代贊普赤熱巴巾（公元八〇二－八三八年）並稱為「吐蕃三英主」。在其執政期間，他對政權內部進行了改革，增設大儀，並由他總管政事；在各地派官治理，清查田畝戶口，規定徭役地租；處理民事訴訟，清洗不忠之臣；增定法律，嚴明賞罰等等，很有建樹。

赤松德贊十三歲親政，當時的輔政大臣反對佛教，崇信本教，掩埋佛像，將大昭寺改成屠宰場。赤松德贊年長後，開始按照前輩所為扶持佛教，扼制貴族，並設計除掉了崇奉本教的

八．一

八．二

大臣。為大力發展和扶植佛教，他多次派人從大唐、天竺等地迎取佛經，延聘高僧大德譯經說法，當時著名的高僧還有天竺僧人寂護、蓮花生和漢地僧人摩訶衍那等人，並在吐蕃境內修建寺廟，培養僧人，傳授教法。公元七六三年，桑耶寺開始修建，歷時十二年而成，赤松德贊親自率文武官員參加桑耶寺開光典禮，並在寺裡舉行了隆重的盟誓儀式。

桑耶寺主要建築為烏孜大殿，呈正方形，高三層，各層建築風格不一，底層為藏式，中層為漢式，頂層為印度式。烏孜大殿四角各有一塔，四塔形制特殊，風格古樸。寺廟建成之後，選出藏族七人出家為僧，這是西藏歷史上有記載的第一批出家僧人，史稱「桑耶七覺士」，西藏的喇嘛制度自此產生。赤松德贊在宏揚佛教的同時，對本教大加排斥，搗毀本教神壇，將本教經典火燒或扔入水中，並處死將佛教經典改為本教經典的本教徒。本教經這次打擊以後，開始衰敗。

八·三

八·四

八·五

八·一 第五代贊普赤松德贊是吐蕃王朝時期有建樹的君王，與第一代松贊干布和第八代赤熱巴巾合稱為「吐蕃三英主」。圖為十七世紀塑造於布達拉宮的赤松德贊像。

八·二 蓮花生為八世紀印度僧人，曾應藏王赤松德贊之請到西藏傳播佛教，為藏傳佛教前期祖師。圖為桑耶寺內供奉的蓮花生大師像。（陳宗烈攝）

八·三 桑耶寺的烏孜大殿。（西藏著名的德穆活佛攝於本世紀三十年代初、旺久提供）

八·四 桑耶寺為八世紀中葉，由大力倡導佛教的藏王赤松德贊主持修建的，寺廟主殿依藏、漢和印度三種風格建築。圖為八十年代中期維修後的桑耶寺。（陳宗烈攝於八十年代中）

八·五 坐落在西藏瓊結縣城對面的姆日山麓的吐蕃藏王墓，圖為公元八世紀藏王赤松德贊墓前的石獅子。（陳宗烈攝）

9

唐蕃會盟碑

唐蕃會盟碑，也叫甥舅會盟碑，立於公元八二三年，碑文係藏漢文對照，雖經一千多年，碑身仍保存完好，至今仍矗立在拉薩大昭寺前。

公元七〇四年，吐蕃第四代贊普赤德祖贊(公元七〇四一七五四年在位)繼位後，曾多次派官員到長安請求聯姻，公元七一〇年，唐中宗答應將金城公主嫁給他，公主攜錦緞萬匹，工技書籍多種，隨行工匠、雜技、音樂人員多名進藏。此次聯姻是繼文成公主和松贊干布之後又一漢藏關係史上的重大事件。八世紀中葉，唐蕃一方面互派使者獻供，不斷和談調解；一方面派兵爭奪

九·一

九·二

九·一 拉薩大昭寺前的唐蕃（甥舅）會盟碑，為公元八二三年所立。（陳宗烈攝於五十年代中）

九·二 相傳是文成公主在大昭寺門前栽植的「唐柳」，千百年來一直為西藏人民所鍾愛。（陳宗烈攝於一九五六年）

九·三 布達拉宮東大殿內的藏王赤德祖贊和金城公主壁畫，繪於十七世紀。相傳藏王赤松德贊便是金城公主的兒子，從此唐王朝與吐蕃的關係成為親密的甥舅關係。這便是唐蕃會盟碑又叫甥舅會盟碑的原因。（《中國西藏》雜誌社資料室提供）

邊界，多次發生激烈的軍事衝突。唐穆宗即位後，唐蕃為長期和解，經努力商定「刻日月於巨石」，寫甥舅盟碑。據統計，從公元七〇六到八二二年，吐蕃和唐朝間會盟達八次之多。公元八二三年所立唐蕃會盟碑記載的就是第八次會盟的盟文。

公元八二一年，第八代贊普赤熱巴巾派遣使臣論納羅向唐請盟，九月雙方會盟於長安西郊。公元八二二年在拉薩設盟壇，吐蕃最高僧官本參布參加會盟並誦誓約。公元八二三年立碑，唐使臣太僕寺少卿杜載等參加隆重落成典禮。此碑高三百四十二厘米，寬八十二厘米，厚三十二厘米。碑陽及兩側以漢藏兩種文字刻載着盟誓全文及唐蕃會盟使臣的姓名、職位。碑陰以藏文刻載着唐蕃友好關係史及長慶元年在長安、二年在邏些（拉薩）兩地盟誓意義。盟文載稱：「今社稷山川如一，為此大和。然甥舅相好之義，善信每須傳達，彼此驛騎，一任常相往來，依循舊路，蕃漢並於將軍谷交馬，其綏戎柵已東，大唐祇應；清水縣已西，大蕃供應。須合甥舅親近之禮，使其兩界煙塵不揚，罔聞寇盜之名，復無驚恐之患。封人撤備，鄉土俱安，如斯樂業之恩，垂諸萬代，稱美之聲，遍於日月所照矣。」唐蕃會盟以後，雙方往來更為密切，經濟和文化交流也更加頻繁。

九・三

10

藏文的創造和金石銘文

吐蕃早先沒有文字，以「結繩齒（刻）木為約」。第一代贊普松贊干布登位後，即派吞米．桑布扎等十六位青年，帶着許多黃金去印度學習，其中一些人因道路艱難半途返回，另一些吃盡千辛萬苦後到達印度卻又中暑身亡，還有些人沒有堅持到底半途而廢，只有吞米．桑布扎一人堅持了下去。他在印度學習七年，拜婆羅門李敬為師，學習文字學和修辭學、天成體梵文和烏爾都文兩派書法，掌握了梵文和若干種西域文字，還帶回了梵文聲明學論著和《寶積陀羅尼經》、《寶篋經》等佛典。

一〇．一

一〇．二

一〇．三

一〇．四

一〇．一 公元七世紀中葉，藏王松贊干布派吞米．桑布扎等十六人赴天竺求學，吞米返藏後仿梵文蘭查體，結合藏文聲韻，創製藏文正楷字體；又根據烏爾都體創製藏文草體，從此西藏有了統一的拼音文字。圖為布達拉宮法王洞內的吞米．桑布扎塑像，相傳這尊像塑製於吐蕃王朝時期。（陳宗烈攝）

一〇．二 拉薩北郊娘熱山谷裡的帕奔崗寺，相傳是吐蕃時期大臣吞米．桑布扎創製藏文的聖地。後藏王松贊干布拜吞米為師，在帕奔崗寺用了三年時間研習藏文。圖為建築在巨石上的帕奔崗寺，惟古寺早已不存在了，現在的帕巴崗寺為近代人重新修造的。（《中國西藏》雜誌社資料室提供）

一〇．三 鐫刻在西藏林芝縣第穆寺附近的摩崖石刻，當地群眾稱為「甲薩朵康」（文成公主石屋），實際上是公元九世紀初藏王赤德松贊頒賜給工布地方首領的文書。（陳宗烈攝）

一〇．四 拉薩北郊帕奔崗寺附近巖石上鐫刻的六字真言「唵、嘛、呢、叭、咪、吽」，相傳為藏文創製者大臣吞米．桑布扎的手跡。（《中國西藏》雜誌社資料室提供）

一〇．五 貝葉經是印度佛教徒刻寫在貝多羅樹葉上的佛經，公元十世紀前後傳入西藏，現已成為舉世罕見的佛教文物。圖為珍藏在布達拉宮內的部分貝葉經。（陳宗烈攝於五十年代中）

返回吐蕃後，吞米·桑布扎奉松贊干布的指示，依據藏語的特點，並參照印度和西域諸國文字，創製出藏文三十個輔音字母和四個元音符號，編出文法三十頌和語音學。當時吐蕃君臣帶頭學習，歷史記載松贊干布就在拉薩帕奔崗靜修三、四年，努力讀寫使用這種文字，使藏文很快流行起來。藏文的特點是，首先它是一種拼音文字，易學、易讀、易記、易懂；同時，雖然經過了近一千三百年的發展，其間方言多有變化，但文字變化較小，古藏文、古代的聲明學論著，今人仍能讀懂。正是由於文字的出現，藏族歷史進入了新的階段。後來在敦煌出土的《敦煌本吐蕃歷史文書》和在新疆發現的有關西藏歷史的木簡，是我們現在能看到的較早的文字記載的歷史。

吐蕃王臣將當時的種種大事，例如和約盟誓、記功封賞，或刻之於石，或銘之於鐘，以傳後世。雖然經過歷史滄桑，上述遺跡很多已經湮滅，但目前仍能見到二十餘種石刻銘碑、摩崖石刻和鐘銘等。例如大昭寺前的唐蕃會盟碑、布達拉宮前的達扎路恭紀功碑、拉薩河南岸的噶瑪寺建寺碑、山南桑耶寺的興佛證盟碑、墨竹貢卡的諧拉康碑（兩塊）、瓊結藏王墓的赤德松贊墓碑、林芝縣的貢布第穆摩巖石刻等。

一〇·五

11

茶馬互市和藏漢商貿往來

茶馬互市是藏族人用馬或其他物品交換漢地茶葉的一種經濟活動。據史料記載，這種茶馬貿易始於唐，興於宋，盛於明，衰於清。飲茶習俗原始於巴蜀地區，漢魏六朝傳入中原。《漢藏史集》等藏文史書記載，茶葉傳入吐蕃始於第三代贊普都松芒布結（公元六七六一七〇四年在位）時期，後逐漸成為藏區僧俗民眾生活必需品，因此在藏漢的經濟交流中，就出現了出賣馬匹，購買茶葉的商品交換，開茶馬互市的先河。

歷史記載唐朝安史之亂後，「往年回鶻入朝，大驅名馬，市茶而歸。」以後常魯公出使吐蕃，發現吐蕃贊普帳內有壽

一一・一

一一・一 藏地旅人相聚喝茶（陳宗烈攝於五十年代中）

一一・二 在茫茫的藏北草原，茶葉等物資多由「高原之舟」——牦牛運輸。圖為馱茶的牦牛隊經過剛剛解凍的那曲河。（陳宗烈攝於五十年代）

一一・三 四川甘孜藏族自治州首府康定城鳥瞰。從中世紀開始，隨茶馬貿易日趨繁盛而成為漢藏商貿交流的中心，最盛時有商貿集息之所的鍋莊凡四十八家，從西藏來此馱茶運貨的商隊絡繹不絕。（嘎瑪攝於一九九二年）

一一・四 往返於雲南、四川、西藏交界處的馬幫，千百年來他們一直是馱着沉重的茶包行進在世界屋脊上的高山峽谷。近代這裡雖然闢有公路，但也不能將馬幫完全代替。圖為雲南德欽地區的馬幫。（周正本攝於八十年代）

州、舒州、顧渚、蘄門、昌明等地名茶。由於社會經濟發展所限，當時賣馬買茶的主要是朝貢官員，並非一般商人，茶馬互市在此時還處於初級階段，官營互市未成定市。迄至宋代，茶馬貿易有了空前發展。一方面宋朝對馬政特別重視，另一方面西南西北邊地貴族平民皆飲茶成風，朝廷對茶葉實行專賣，在四川建立都大提舉茶馬司，主管川秦茶馬之政，運茶至熙河，置場買馬。從而使傳統的茶馬互市發展到官營專用茶葉易馬的新階段，建立了藏漢茶馬互易制度。

明代在素州、洮州、河州、雅州等地設茶馬司，以茶換馬。當時的茶馬互市有兩大特點，一是差發馬制，即以馬代賦；另一是朝貢互市。明朝建立以後，藏區割據勢力都被納入朝廷控制之中，受封官員定期朝貢，在貢賜物中，茶馬是主要成份，貢使也逐漸變成以商人為主。

顯然茶馬互市是一種經濟活動，也是一種政治活動，它不僅促進了藏漢兩地的政治、經濟、文化交流，也促進了藏漢兩地的交通發展，正是那些送馬運茶的商人用腳逐步踏出了貫通川、甘、青、藏的古道，為以後的驛道、貢道奠定了基礎。

一一・二

一一・三

一一・四

12

宇托·雲丹貢布和《四部醫典》

藏醫藏藥歷史悠久，早在遠古時期，生活在西藏高原上的居民，就對醫藥有了初步的認識：「有毒就有藥」。據《宇托·雲丹貢布傳》記載，西藏最早的醫學叫「本醫」，主要靠放血療法、火療法、塗摩療法治病。吐蕃時期藏醫有了很大發展，出現了九大藏醫，其中宇托·雲丹貢布最為著名。

宇托·雲丹貢布（公元七〇八－八三二年），西藏堆龍德慶地方人，父親瓊保多吉，母親沙曲吉宗美。宇托·雲丹貢布三歲認字，五歲學醫，學識聞名遐邇，曾擔任過

一二·一

一二·二

一二·三

一二·一 吐蕃時期最著名的藏醫宇托·雲丹貢布（公元七〇八—八三二年），被尊為「藏醫之祖」，圖為樹立在西藏藏醫院（門孜康）門口的宇托·雲丹貢布塑像。（陳宗烈攝於八十年代中）

一二·二 圖為門塘派繪畫大師洛扎·丹增羅布所畫的宇托·雲丹貢布像，繪於十七世紀，是藏醫中最主要的醫典《四部醫典》的掛圖之一。（《中國西藏》雜誌社資料室提供）

一二·三 公元一九五六年，西藏藏醫院（門孜康）的老院長欽繞羅布（公元一八八三—一九六二年）在助手的幫助下，著書立說。（陳宗烈攝於一九五六年）

一二·四 《四部醫典》掛圖之一的人體經絡圖，是按照藏醫對人體的理解，將人體經絡繪製成的唐卡掛圖。（陳宗烈攝）

一二·五 《四部醫典》掛圖之一的胚胎圖。該圖表現了胚胎形成、發育直至生育的全過程。圖中表現了胚胎發育過程中形狀經歷了魚期、龜期和豬期，最後成人的過程。（《中國西藏》雜誌社資料室提供）

一二·六 西藏人民出版社公元一九八四年出版的藏英對照的《四部醫典》圖集。（高國鎔攝）

一二·七（後頁） 七十九幅藏醫藥掛圖的藥物圖之一。藥物掛圖一一描繪了一千零二種可以入藥的藥材和八百種方劑。藥材可分珍珠寶石類、礦石類、土類、水類、精華類、濕生草類、旱生草類和動物類八種。（陳宗烈攝）

贊普赤松德贊的御醫。行醫期間他走遍西藏各地，廣泛搜集和總結民間醫藥經驗，還多次赴內地五台山和印度、尼泊爾等地，向中外名家學習，先後編著了三十多部醫學著作，從而形成了藏醫的一整套體系。藏醫中最主要的醫典《居悉》（即《四部醫典》），相傳為宇托·雲丹貢布所編著。

十一世紀時，雲丹貢布的後裔對醫典進行了進一步的充實。五世達賴時期，著名學者第悉桑結嘉措又對《四部醫典》進行了校對和修正，五世達賴還組織人員繪製了七十九幅彩色醫藥掛圖；十三世達賴時又對《四部醫典》進行了文字修訂。事實上，這部藏醫學的重要著作已成為許多醫學家共同努力的成果，是一部集藏醫之大全的著作。

《四部醫典》內容極為豐富，包括了胚胎學、生理學、身體的特性及疾病、身體的類型及功能、疾病的原因途徑分類、藥物的作用、藥理學、外科器械、藥物的製作以及醫生必須具備的品德等等，正是這部著作的出現和完善，標誌了藏醫成為一門科學。

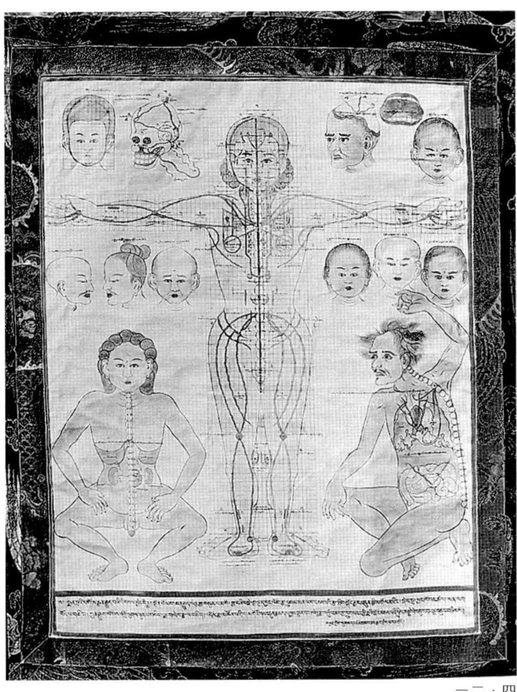

一二·四

一二·五

一二·六

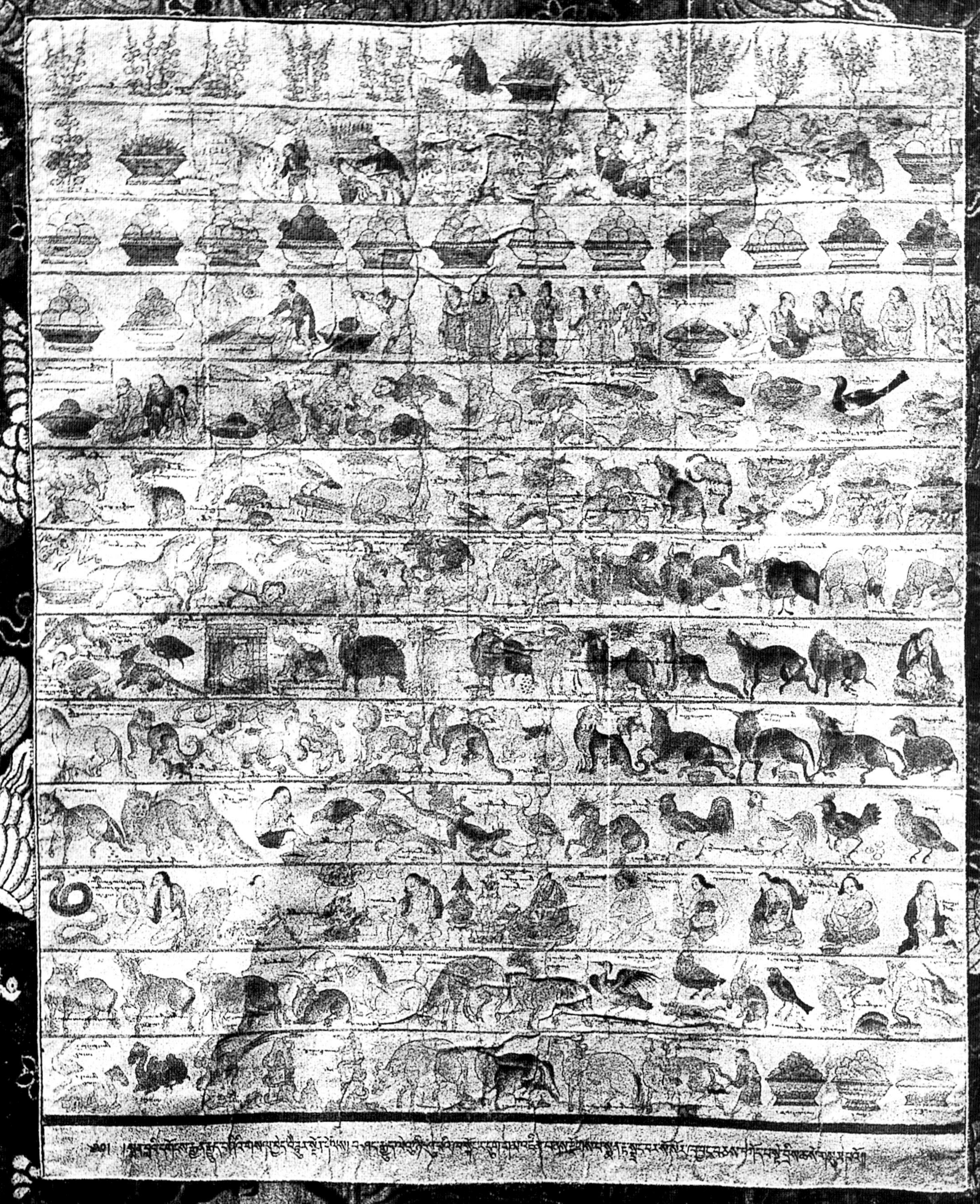

13

西藏曆法

西藏有歷史記載的曆法始於吐蕃時期，《紅史》和《西藏王統記》都記載，雅隆部落第三十一代贊普（君長）囊日松贊時就有醫書和曆算從中原傳入，到文成公主進藏時則有《蕃唐八十數理》、《密意根本精華》、《五行珍寶保羅》等曆算書傳入，並先後翻譯成藏文，從而推動了藏族曆法的發展。赤松德贊時期，有關劃分四季的《珍寶明燈》、《冬夏至圖表》、《五行珍貴之明燈》出現了，它們總結過去的經驗，從理論上區分了高原的季節。從敦煌出土的吐蕃歷史文書看，當時已有紀年，開始是「火空海紀年」*，七世紀中是十二生肖循環紀年，

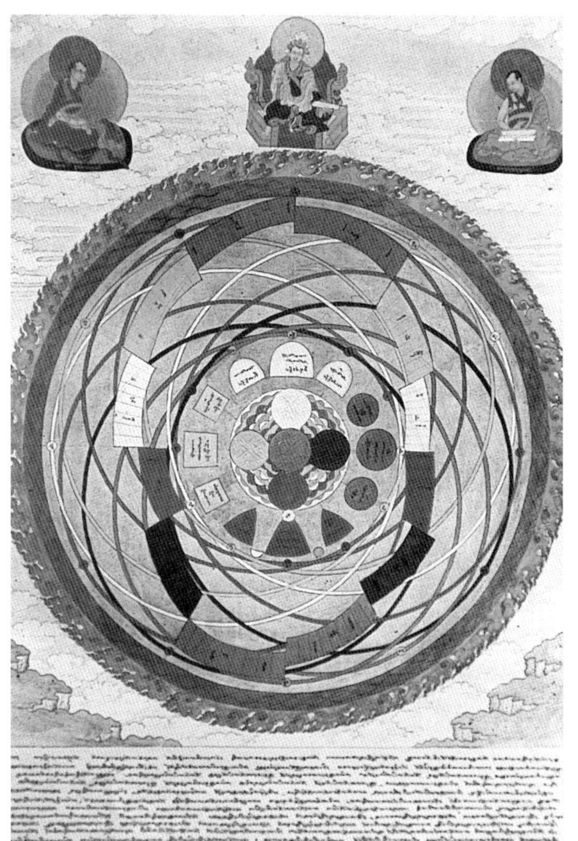

一三·一

一三·二

一三·一 西藏時輪曆中的天體運行圖。外圈為星雲，裡圈為太陽、地球等星球的位置及運行軌迹。（《中國西藏》雜誌社資料室提供）

一三·二 時輪曆中的宇宙構造圖（轉拍自《西藏唐卡》一九八五年版）

一三·三 三十年代興建的西藏門孜康（天文曆算局），地址在大昭寺西側。（陳宗烈攝於五十年代中）

一三·四 依據陰陽五行原理和星曜交會，測定吉日和凶日的推算表。（轉拍自西藏藏醫院出版的藏曆）

一三·五 公元一九九六年（藏曆土牛年）藏曆，由西藏天文曆算研究所出版。（張鷹攝）

*按照藏曆的繞迴紀年法，從紀年開始（公元一○二七年）往前推四百零三年，即為伊斯蘭教教曆的開始（公元六二四年）。而四百零三，在藏語中為「火空海」，故這種紀年被稱為火空海紀年。

九世紀初已進一步使用六十年循環紀年，與中原的「甲子曆」相似。

到公元一〇二七年，西藏開始實行「繞迴」(甲子) 紀年，它以十二生肖鼠、牛、虎、兔、龍、蛇、馬、羊、猴、鷄、狗、豬為順序，依次與木、火、土、金、水五行各分陰陽為十數相配合，每六十年循環一周，稱為一個「繞迴」，直至今日，仍按此紀年。十一世紀初印度的「時輪曆」傳入，時輪曆以四季變化周期為一年，以月亮圓缺變化周期為一月，以天明能辨清掌紋到次日天明為一日。時輪中最小的時間單位為一息(壯年男子一呼一吸所需的時間)，六息為一分，六十分為一刻，六十刻為一日，並測定晝夜為二萬一千六百息，一年為三百六十五日十五刻三十一分一息。在印度的時輪曆的基礎上形成的西藏的時輪曆，在日、月、年的曆法上都有藏曆的特點，甚至包括季節與節氣和日蝕與月蝕的測算。

藏族的各大寺院都有學習曆法的機構，稱為時輪扎倉，以培養天文曆算方面的專門人才。藏語將甲子曆稱為「甲孜」(黑算)，時輪曆稱為「噶孜」(白算)，這兩門都作為專門的學問研究。

一三·三

一三·四

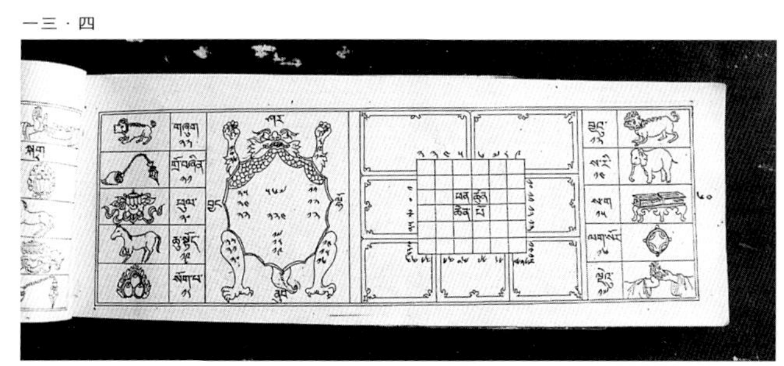

一三·五

14

吐蕃王朝覆滅

第八代贊普赤熱巴巾（公元八〇二－八三八年），也是吐蕃時期有作為的贊普之一，後世史籍將他與松贊干布、赤松德贊並列，合稱為吐蕃三法王、三英主。在他執政時期增訂的法律條例，制定的最小單位至升、両、錢的精確量衡，均為吐蕃社會安定和經濟繁榮所必需。他大力扶植佛教，派人從唐朝和尼婆羅(現今的尼泊爾)等國請來工匠，興建吾香度寺，高九層；他下令吐蕃屬民廣作布施，規定每戶必有一人出家為僧，七戶平民供養一個僧人；他四處延請高僧、譯師專門從事譯經工作，不僅對原有佛經進行修訂，統一譯經體例，對釐定藏文作了許多有益的工

一四・一

一四・一 藏王朗達瑪的毀佛行為引起了佛教僧侶和信徒們的仇恨，最後他被密修僧人拉隆貝多刺殺。圖為羅布林卡新宮壁畫中的藏王朗達瑪在拉薩大昭寺前被拉隆貝多用暗箭射中倒地的場面。（《中國西藏》雜誌社資料室提供）

作，並編寫了第一部藏梵辭典。赤熱巴巾的一些作法一方面發展了吐蕃文化，同時也使僧侶集團的勢力越來越大，這引起了舊貴族集團的強烈不滿。公元八三八年，大倫韋·達納堅等弒殺赤熱巴巾，擁赤熱巴巾之弟朗達瑪嗣為贊普。

朗達瑪（公元八一五－八四三年）繼位後，開始還依法攝持國政，後吐蕃境內風霜成災，瘟疫蔓延，旱澇交作，其崇尚本教的大臣遂將此統統歸結為是信奉佛教的緣故，於是朗達瑪頒佈滅法廢佛的命令。他關閉了西藏境內所有的大小佛教寺院，將佛像或毀棄或掩埋，將寺廟牆上繪上僧人飲酒作樂圖，以揭示佛教徒的腐化墮落，他強迫僧人離寺還俗，甚至充當屠夫和獵人，叫他們破戒殺生，並將全部佛經收來燒毀或封存。朗達瑪在對佛教勢力集團進行鎮壓的同時，還大力扶持本教，這種表面上的佛本之爭反映了吐蕃上層貴族之間的權力鬥爭。他的這種抑佛揚本的作法引起了佛教徒和民眾的極大不滿，加之吐蕃境內連年災荒，社會矛盾日益尖銳。公元八四三年，朗達瑪在大昭寺前被一名佛教僧人拉隆貝多刺殺後，舊貴族集團分別挾持朗達瑪的兩個兒子爭奪王位，王室開始分裂。吐蕃境內平民和奴隸乘機發動大規模起義，公元八七七年，起義軍攻佔瓊結，掘吐蕃藏王墓，吐蕃王朝從此覆滅。

一四·二

一四·三

一四·四

一四·五

一四·二 藏王墓旁的石刻佛像（陳宗烈攝於一九八七年）

一四·三 吐蕃王朝經歷了九代，共二百六十多年的歷史，終在藏王朗達瑪時期覆亡。圖為山南地區瓊結縣境內歷世吐蕃贊普的王陵（局部），其封丘巨大，形似高台，近代查實可考者有十三座之多。（高國鎔攝於八十年代）

一四·四 吐蕃第八代贊普赤熱巴巾（公元八一五—八三八年在位），是一位崇信佛法的君王，後被反佛大臣大倫韋·達納堅等縊殺在墨竹夏巴宮。圖為繪製在拉薩羅布林卡新宮牆上的赤熱巴巾被害場面。（《中國西藏》雜誌社資料室提供）

一四·五 吐蕃王朝末期，佛、本教的衝突已達到白熱化的地步，第九代藏王朗達瑪（公元八三八—八四三年在位）最後聽從本教大臣的主張，宣佈滅法廢佛，封閉寺院，迫害僧侶，焚燒經書，搗毀佛像。圖為拉薩羅布林卡新宮壁畫所繪掩埋大、小昭寺釋迦牟尼佛像的場面。（《中國西藏》雜誌社資料室提供）

15

分裂時期和古格王朝的建立

吐蕃王朝崩潰以後，西藏長期處於分裂割據局面。朗達瑪的後裔各佔一方，建立政權。朗達瑪的一個兒子維松佔據山南，另一個兒子雲丹控制拉薩，彼此戰爭長達二十八年之久。平民暴動以後，維松之子貝考贊逃往後藏，公元八九五年在君子里遭到殺害。貝考贊的長子扎西孜巴貝建立了亞澤王系和雅隆王系，次子吉德尼瑪袞逃往阿里，建立了阿里王系。與此同時還出現了許多小勢力集團。據《宋史．吐蕃傳》記載：「其國自衰弱，種族分散，大者數千家，小者百十家，無復統一矣」。四個王系中阿里王系

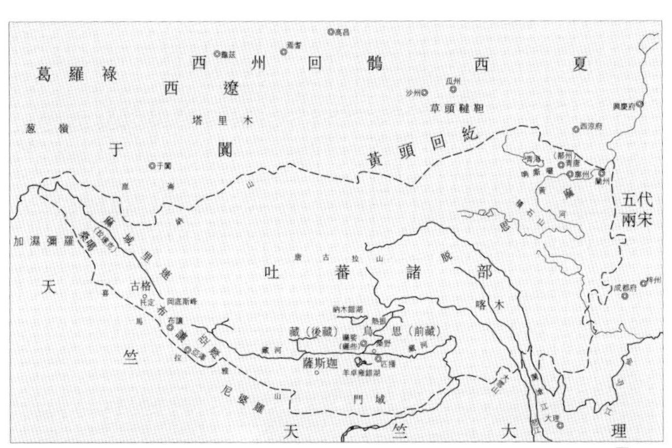

一五．一

一五．二

一五．三

一五．一 五代、兩宋時期藏族地區略圖（參見《中國歷史地圖集》一九九二年版）

一五．二 古格王宮是吐蕃王系西遷到阿里建立的城堡，從公元十到十六世紀經五百多年的擴建而成，規模宏大。公元一六三三年古格王朝覆滅後，始逐漸衰敗。今日所見遺址，仍可見當日的輝煌。（陳宗烈提供）

一五．三 西藏阿里扎達縣的托林寺佛塔，為古格國王益西沃和絳曲沃（公元十世紀前後）所建，是西藏的古老佛塔之一。（陳宗烈提供）

和拉薩王系勢力較大，但影響最大、歷史遺存最豐富的還是阿里王系。

吉德尼瑪袞統治阿里後，其長子日巴袞征服芒域，建立拉達克王朝；次子扎西袞征服象雄，建立古格王朝。據《西藏王臣記》記載，古格王朝世襲十六代國王，扎達的古格王宮從十到十六世紀逐漸擴建而成。古格王朝十分崇信佛教，國王益西沃和絳曲沃派僧人去克什米爾學經，其中最著名的是大譯師仁青桑布，譯出密宗經典一百零八部，後來稱之為「新密咒」。他們請高僧前來傳戒、譯經，修建托林寺。公元一〇四二年，印度僧人阿底峽（公元九八二——〇五四年）來到阿里，宏傳佛教，使古格地區逐漸成為佛教復興的一個中心，佛教史稱之為「上路宏法」。公元一六三三年，古格上層僧眾發起暴動，聯合拉達克王室，推翻了古格王朝，曾經繁榮一時的古格王宮從此日見衰敗。

一五・四

一五・四 西藏山南拉加里莊園，是吐蕃贊普後裔的一支在這裡建立起的小王系所在地。（陳宗烈提供）

一五・五 古格王朝世系表（公元九至十四世紀）（參見《西藏通史——松石寶串》一九九六年版）

一五・六 古格王宮的壁畫之一：雙身本尊像。

一五・七 由於古格王朝十分崇信佛教，故在該時期修建的王宮內，繪有多幅以佛教為題材的壁畫。圖為其中一幅，描繪當時的主要寺廟——托林寺的開光慶典。

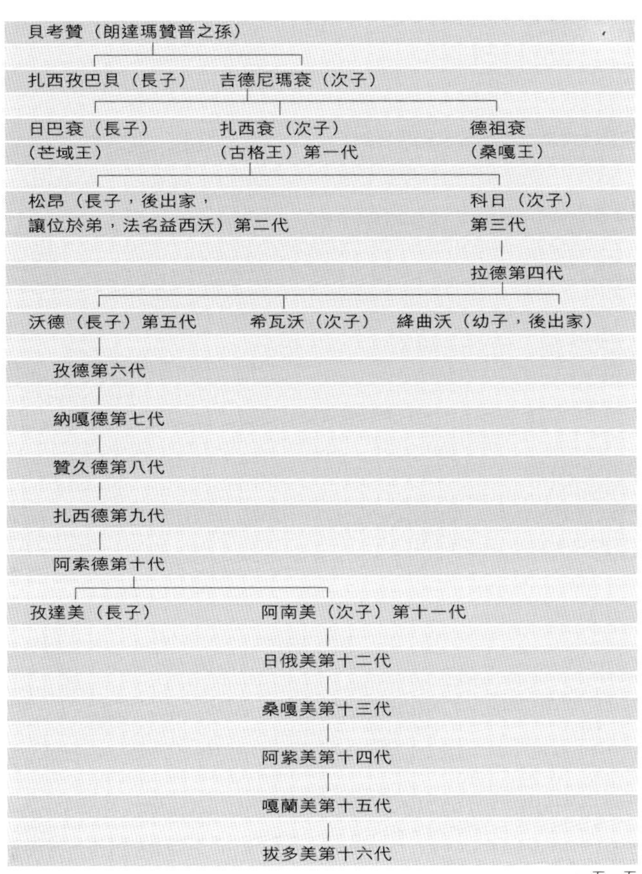
貝考贊（朗達瑪贊普之孫）
扎西孜巴貝（長子）　吉德尼瑪袞（次子）
日巴袞（長子）（芒域王）
扎西袞（次子）（古格王）第一代
德祖袞（桑嘎王）
松昂（長子，後出家，讓位於弟，法名益西沃）第二代
科日（次子）第三代
拉德第四代
沃德（長子）第五代
希瓦沃（次子）
絳曲沃（幼子，後出家）
孜德第六代
納嘎德第七代
贊久德第八代
扎西德第九代
阿索德第十代
孜達美（長子）
阿南美（次子）第十一代
日俄美第十二代
桑嘎美第十三代
阿紫美第十四代
嘎蘭美第十五代
拔多美第十六代

一五·五

一五·六

一五·七

16

藏傳佛教的復興和諸教派（一）

分裂時期後期，佛教從阿里（上路宏法）和多康（下路宏法）進入衛藏，佛教逐漸得到復興。封建割據的地方勢力也紛紛倡導佛教，並修建寺廟。先後出現的教派有寧瑪派、薩迦派（詳見第二十節：薩迦王朝的建立）、噶當派和噶舉派等。從藏傳佛教再度興盛並形成諸種教派開始，這些教派和教派中的重要人物都在西藏歷史中扮演了重要角色，甚至一度掌握西藏地方政權，直至格魯派建立了政教合一的甘丹政權。因此逐一介紹不同的教派將有助於我們認識後來的歷史。

藏傳佛教教派中歷史最久遠的是寧瑪派，約產生於十一、

一六 · 一

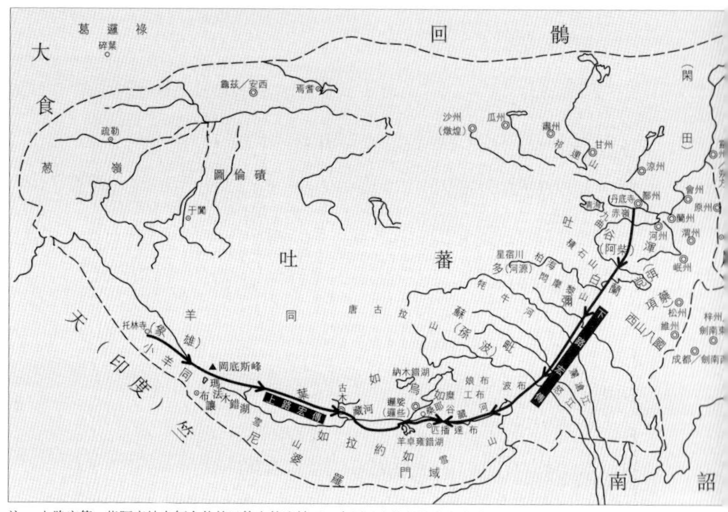

注：上路宏傳，指阿底峽大師在仲敦巴等人的迎請下，由阿里古格托林寺出發到桑耶寺，然後在拉薩西南的聶當地方收徒傳法。
下路宏傳，指衛藏十弟子在青海丹底寺由丹巴繞色大師授戒後，先後經康區自東向西進發分別在古木、桑耶、彭波等地收徒傳法。

一六 · 二

一六 · 三

一六 · 四

二世紀，當時西藏僧人中有合稱「三素爾」(素爾為家族名）的素爾波且．釋迦迥乃、素爾窮．喜繞扎巴和素爾濯浦巴．釋迦僧格，他們奉八世紀時的印度僧人蓮花生為祖師，依其入藏所傳密咒和所依伏藏修習傳承，遂成一派。因其所循早期舊密咒經典，故稱寧瑪派，「寧瑪」意為古舊。又因該派僧人戴紅帽，別稱紅教。其教法以大圓滿法為正傳；此外還有無垢友宏所傳幻變密藏和心部密法、蓮花生所傳金剛橛法和馬頭明王法、靜藏所傳文殊法、默那羅乞多所傳集經等無上瑜伽部密法等，都是寧瑪派所特有的密法。

寧瑪派經典傳承可以分為三系，素爾波且是第一個把寧瑪經典組織成系統的人，他的弟子眾多，到十五世紀時逐漸衰微。另一系是與素爾波且同時期的卻吉桑波所傳，修習大圓滿法。再一系就是以伏藏經典傳承為主。所謂「伏藏」，即從地下或山洞裡挖出來的經典。寧瑪派有不少著名的伏藏師，其著名的伏藏有《五部遺教》、《蓮花生遺教》等。因為寧瑪派重密教輕顯教，所以一般僧人無正規學經制度，他們既從事勞動，也娶妻生子，所以一直沒有形成大的寺院集團勢力。

一六．五

一六．一 由於各地不同的割據勢力互相間爭權奪利，導致其掌握下的藏傳佛教之間也產生了門戶之見，以及不同基礎上發展的教派，在教義、儀式上難免會出現分歧，於是佛教教派出現了。圖為寧瑪派(又稱紅教）開山祖師蓮花生大師塑像，現供於夏魯寺。(顧綏康攝於七十年代初）

一六．二 藏傳佛教後弘期佛教宏傳示意圖

一六．三 寧瑪派較具規模的寺院——敏珠林寺，建於公元十七世紀中葉，由寧瑪派僧人居美多吉建於山南扎囊縣境內。十八世紀這座寺院被準噶爾蒙古兵所毀，後由當時執掌西藏政務的郡王頗羅鼐資助修復。圖為敏珠林寺大經堂外貌。(陳宗烈攝於八十年代）

一六．四 相傳蓮花生大師的修行處青朴聖地，溝谷深處的修禪洞窟至今還有人在裡面靜修。(陳宗烈攝於八十年代）

一六．五 敏珠林寺的金剛法舞，是至今保存得最完整的寧瑪派宗教舞蹈。(張鷹攝於八十年代）

17

藏傳佛教的復興和諸教派（二）

除寧瑪派外，在西藏佛教後宏期（始自公元九七八年）開創和形成的各個教派中，噶當派也是出現較早的一個。「噶」意為佛語，「當」意為教誡，噶當即將佛的言教當作僧人修法成佛的教誡。噶當派源於印度僧人阿底峽（公元九八二——一〇五四年），正式創始人是阿底峽的弟子仲敦巴。

公元一〇五五年，仲敦巴在聶當主持了悼念阿底峽的儀式，並在那裡修建了一座寺院。翌年，他又到達拉薩河上游的熱振地方，在那裡創建了熱振寺，噶當派就是以熱振寺為根本寺院發展起來的。仲敦巴有三個弟子，三個人中，普窮哇不收

一七·一

一七·二

一七·一 供奉於色拉寺的阿底峽塑像。阿底峽（公元九八二——一〇五四年），古印度僧人，公元一〇三八年受阿里王子絳曲沃之邀進藏傳播佛法，著有五十多種佛教論著，其弟子仲敦巴弘傳其學說，發展成噶當派，以修習顯宗為主。（《中國西藏》雜誌社資料室提供）

一七·二 第一世熱振活佛塑像。第一世熱振活佛赤金阿旺曲丹，生活在公元十八世紀，曾任第七世達賴喇嘛經師，為熱振活佛轉世體系之祖。（《中國西藏》雜誌社資料室提供）

一七·三 熱振寺，公元一〇五六年由噶當派創始人仲敦巴始建，位於今天拉薩北部林周縣境內熱振地方，是噶當派的主寺。噶當派就是以熱振寺為根本寺院逐步發展起來的。圖為熱振寺的遠景。（《中國西藏》雜誌社資料室提供）

一七·四 傳說每逢藏曆羊年七月十五日，密集空行母荼吉尼康珠瑪桑瓦益西等十萬空行女下凡，在熱振寺前廣場聚會。因此，每隔十二年此時，熱振寺都設壇集會，過帕邦塘廓節（轉神魂磐石節）。圖為磐石前的巨大供品堆。（張鷹攝於一九九一年）

學生，博多哇和京俄哇則分別廣收徒弟，從這兩人發展出噶當派的兩個支派：一個教典派，一個教授派。教典派以學習經典為主，教授派則偏重師傅指點教授，注重實修。博多哇先在熱振寺傳教，從者數千，後建博多寺，被稱博多哇。噶當派的名望和聲勢，是在博多哇傳教時期，在衛藏地區發揚起來的。

噶當派的主要寺院除熱振寺外還有怯喀寺、基浦寺、納塘寺、桑浦寺和博多寺等。噶當派以顯宗修習為主，主要經典是「噶當六論」中的《大乘莊嚴論》、《菩薩地論》、《集菩薩學論》、《入菩提行論》、《本生論》和《集法句論》與阿底峽的《菩提道炬論》。噶當派修習強調戒律，他們雖以顯宗為主，但也不排斥密宗，而是調和顯密兩者關係，強調修習次第，主張先學顯宗，後學密宗，而且密宗只傳給少數有「根器」的人，並不廣傳。十五世紀以後，宗喀巴就是以該派教義為基礎，創立格魯派，噶當派至此也先後改宗格魯派。

一七・三

一七・四

18

藏傳佛教的復興和諸教派（三）

噶舉派，顧名思義是個重視口傳的教派。噶舉派注重密法修煉學習，而這些密法修習又必須通過口耳相傳，這就是派名的由來。相傳該派遠祖瑪爾巴（公元一〇一二——〇九七年）、米拉日巴（公元一〇四〇——一二三年）等人修法時，穿白色僧衣，故又稱白教。噶舉派公元十一世紀形成教派，它的支系眾多複雜，從一開始就有兩大傳承系統，一為香巴噶舉，一為達布噶舉。

香巴噶舉曾興盛一時，現在的桑頂寺就是香巴噶舉所建，其寺僧都是男人，惟寺主多吉帕姆卻是個女活佛，佛位很高。

一八·一

一八·二

一八·一 米拉日巴（公元一〇四〇——一二三年），噶舉派始祖之一，常年在深山禪洞苦修，收徒傳法，其編唱的《道歌》流傳很廣。此壁畫繪於扎什倫布寺大經堂，圖為米拉日巴在山洞中靜修時為一獵人説法，勸他勿要殺生作孽。（陳宗烈攝於八十年代初）

一八·二 西藏亞東縣春丕塘一個噶舉派寺廟——噶居寺。（陳宗烈攝於一九五七年）

一八·三 帕竹噶舉的創始人帕木竹巴的弟子止貢巴·仁欽貝（公元一一四三——一二一七年），公元一一七九年在止貢地方修建直貢替寺，創立直貢噶舉派。直貢替寺旁有一座著名的天葬場，據傳為世界三大天葬場之一。圖為天葬場近景。（張鷹攝於九十年代初）

一八·四 楚布寺位於拉薩西北堆龍楚布地方，為噶瑪噶舉派祖師都松欽巴於公元一一五五年始建，後成為歷輩噶舉巴活佛的駐錫之地。圖為楚布寺大經堂。（陳宗烈攝於六十年代）

一八·五 噶舉派創始人瑪爾巴（公元一〇一二——〇九七年）的寺廟——色康古多寺，傳説是聖者米拉日巴歷盡艱辛，在被拆毀多次後修建的。（色康古多寺提供）

十五世紀以建鐵橋聞名的湯東杰布也是個香巴噶舉的僧人。但這個教派到十五世紀就銷聲匿跡了。而達布噶舉則一直延傳至今。達布噶舉的創始人是達布拉吉·索朗仁欽，他生於西藏隆子縣，幼年學醫，二十六歲出家，專攻顯密佛教，後來拜米拉日巴為師，他學完密法，居達拉崗波寺，廣收弟子，逐漸形成達布噶舉派。他最著名的四個弟子在前後藏建寺收徒，形成四大支系即噶瑪噶舉、蔡巴噶舉、拔戎噶舉、帕竹噶舉，其中帕竹噶舉又分出八個小系，總稱噶舉派的「四大八小」系。噶瑪噶舉派中又分黑帽系和紅帽系，分別因為得到朝廷皇帝賜給的黑、紅法帽而得名。噶舉派的主要寺院有楚布寺、噶瑪丹薩寺、八邦寺、直貢替寺、達隆寺等等，僅噶瑪噶舉在本世紀五十年代初就有二百多座大小寺廟。

噶舉派的教義也同其他派系一樣，在教程中有龍樹的中論、世親的俱舍論等，主要是傳承中觀論，講「大印」教法。但其更重視密宗，提倡密室苦修。修身是指在呼吸、風息等生理方面下功夫，類似氣功，修到一定程度就能和某種境界結合起來。他們修「拙火定」，再修「那繞六法」，進一步證得「萬有一味」、「怨親平等」、「淨染無別」的境界。

一八·三

一八·四

一八·五

公元
十三到二十世紀

From 13th to 20th Centuries AD

19

西藏歸順元朝

約從公元十二世紀末葉開始，蒙古部落開始在中國北方興起。公元一二〇六年，蒙古大汗成吉思汗的騎兵進入阿里三圍，阿里藏區首領歸降。成吉思汗去世後，由其第三子窩闊台繼承汗位。窩闊台將甘肅、青海及原西夏的屬區，作為封地劃歸他的第二子闊端。闊端是蒙古汗國握有重權的一方軍事統帥。由於成吉思汗去世後，衛藏地方不再向蒙古汗國納貢，彼此關係趨向緊張。一二四〇年，闊端派大將多達那波率領騎兵深入西藏，前鋒抵達距拉薩不遠的直貢替寺和熱振寺。西藏的政教領袖經過商議，決定歸附。公元一二四四年，薩迦派的首

一九・一

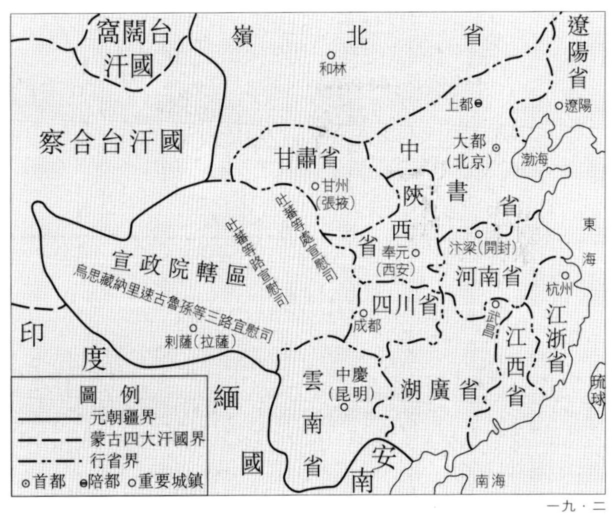

一九・二

一九・一 薩班貢噶堅贊（公元一一八二—一二五一年），薩迦派第四代祖師，八思巴的伯父。因學富「五明」，聲望很高，被尊為「班智達」，薩班就是薩迦班智達的簡稱。公元十三世紀四十年代，他作為西藏地方勢力的代表，應邀到涼州，與蒙古軍事領袖闊端會面後，議妥衛藏歸順蒙古。（轉拍自《藏傳佛教藝術》一九八七年版）

一九・二 元朝十一行省及宣政院轄區簡圖

領薩班貢噶堅贊應闊端之請，到涼州（今甘肅武威）會晤，洽談歸順事宜。

翌年，薩班攜侄子八思巴和恰那多吉經數千里跋涉，六十五歲高齡時終於到達涼州。公元一二四七年正月，薩班覲見闊端，議定了西藏歸順蒙古汗的條件、委派官吏共同管理西藏的政教事務以及繳納賦稅的品種數量等一系列問題。闊端授予薩班統治衛藏十三萬戶的權力。當時薩班寫了一封信致烏思藏納里速各地僧俗首領，反覆曉諭吐蕃頭人歸順蒙古汗的必要性，指出歸順蒙古汗是大勢所趨。西藏正式歸順蒙古汗後，闊端便委派薩迦派的稅吏、文官、武官管理西藏的一切事務，賜與金符、銀符；並將各地官員地名、部眾數字及所應納貢之數造冊三份，一份由西藏各地方自行保存，一份呈交闊端，一份交薩迦寺。而蒙古亦派遣官員到烏思藏，會同薩迦派人員議定稅目等等。按照蒙古的傳統，掌握一個地區的戶口清冊並委派官員至當地收稅，就表明這個地區已全部成為蒙古汗的管轄地，從而也奠定了日後元朝（公元一二七一－一三六七年）中央對於西藏地方進行行政管理的基礎。從此，西藏地區正式成為中國的一個行政區域。

一九·三

一九·四

一九·三 日喀則扎什倫布寺壁畫，記載了元世祖忽必烈接見西藏薩迦派首領八思巴時的情景。（陳宗烈攝）

一九·四 成吉思汗之孫闊端送給薩班貢噶堅贊的白海螺，象徵着對薩班宗教領袖地位的承認。薩班臨終前將白海螺傳給八思巴，囑咐他擔當起政教的重任。（《中國西藏》雜誌社資料室提供）

20

薩迦政權的建立

在後藏地區的仲曲河畔，有一個自稱為天神降世的昆氏家族居住，昆氏家族是西藏有史記載的第一批出家人「桑耶七覺士」之一的後代。公元一〇七三年，這個家族的傳人昆·官卻杰波在仲曲河北岸的本波山下建起薩迦寺，他的兒子貢噶寧波好學勤修，創建了薩迦教派。到十三世紀，薩迦派已成為後藏地區最有實力的教派體系，昆氏家族則成為以薩迦寺為中心的強大地方勢力。一二三九年，薩迦派歸順了窩闊台，得到除阿里三圍外的南北拉堆、古爾莫、羊卓等七個萬戶的地方，共一萬八百八十五戶屬民。一二四七年，成吉思汗的孫子闊端會見薩迦寺寺主薩班後，

昆氏名	執政時間	備注
八思巴	公元 1264 — 1280 年	元世祖任命為帝師領總制院，統釋教，後封為大寶法王。
達瑪巴拉	公元 1280 — 1287 年	
夏爾巴·絳漾仁欽堅贊	公元 1287 — 1304 年	
達尼欽波桑波貝	公元 1304 — 1323 年	
那木卡勒巴	公元 1325 — 1343 年	公元 1326 年，元朝任命宣慰司事，賜王爵。
絳央敦月堅贊	公元 1343 — 1344 年	
喇嘛唐巴	公元 1345 — 1347 年	
貢噶洛卓堅贊	公元 1347 — 1354 年	

二〇·一

二〇·二

二〇·三

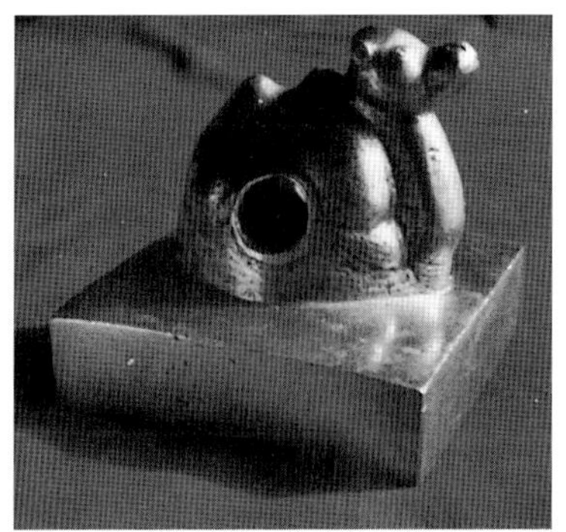

二〇·一 薩迦地方政權（法王）表（參見《西藏通史——松石寶串》一九九六年版）

二〇·二 薩迦寺壁畫中的密集金剛神像（成衛東攝於一九九三年）

二〇·三 元世祖忽必烈封八思巴同母弟恰那多吉為白蘭王，從此白蘭王成為薩迦世系代表人物的封號。圖為元世祖所賜白蘭王的金印及印文。（陳宗烈攝於一九八七年）

決定委派薩迦寺的稅吏、武官和文官管理西藏的一切事務，所有吐蕃地區的頭人都必須聽命於薩迦寺的金符官，不得妄自行事。

「薩迦五祖」之第五祖八思巴，為元世祖忽必烈（公元一二一五一一二九四年）所崇信，被尊為國師，總天下釋教，其弟恰那多吉則擔負起典司藏族地區事務的責任。據藏文史書載，恰那多吉曾娶闊端之女墨卡頓為妻，被忽必烈薛禪汗封為「白蘭王」，賜給金印、同知左右衙署等。他前後在涼州等內地居住十八年，公元一二六三年（二十五歲時）曾返回薩迦，又奉命總管全藏事務。從而在西藏最先開創一個家族掌握政教大權的先例。一二七〇年，八思巴造字有功，被封為帝師，並被賜以吐蕃三區即烏思．藏．喀木，成為首任薩迦法王，正式建立起薩迦王朝。

從八思巴開始至貢噶洛卓堅贊的薩迦寺八任教主，自本欽釋迦桑布至本欽阿木噶（包括連任的在內）共計二十七任本欽，九十一年間他們在元朝中央政府的直接管轄下成為西藏地方政教兩方面的首領，統治着整個西藏。八思巴等是當時西藏地方的總首領，在此之下設有行政總管本欽、萬戶長、千戶長等級別不同的官員和行政機構；並首次設立了以前的宗教上層所沒有過的十三種為私人役使的辦事官員。

二〇．四

二〇．四 薩迦寺是西藏佛教薩迦派的主寺和行政中心。十三世紀後期，薩迦派首領八思巴（公元一二三五一一二八〇年）由元朝中央封為「帝師」，並授予統治西藏十三萬戶的權力。圖為公元一二六八年由薩迦本欽（執政官）釋迦桑布主持修建的薩迦南寺。（陳宗烈攝於五十年代中）

二〇．五 薩迦南寺大經堂，由四十根巨形木柱支撐，可容萬名僧人進行佛事活動。（陳宗烈攝於一九五七年）

二〇．六 薩迦北寺，是公元一〇七三年由薩迦派創始人昆．官卻杰波所建。（陳宗烈攝於一九五七年）

二〇・五

二〇・六

21

大元帝師八思巴

薩迦第五祖八思巴·洛追堅贊貝桑布，生於公元一二三五年，相傳是吉隆寺大喇嘛薩頓的轉世。九歲就能講經，被譽為八思巴（聖者），十歲隨伯父薩班拜見蒙古王子闊端。他在涼州九年，繼承薩班的教法，與蒙古王室親近。

公元一二五三年，八思巴與蒙古王子忽必烈相見，深得其歡喜，被迎往上都（今內蒙古自治區境內）的宮殿中。一二六〇年，忽必烈稱帝，封他為國師，授羊脂玉印。一二六四年，忽必烈將都城從上都遷到大都（今北

二一·一

二一·二

二一·一
八思巴（公元一二三五—一二八〇年），為藏傳佛教薩迦派第五代祖師，十歲時隨伯父薩班貢噶堅贊至涼州會見成吉思汗之孫闊端，後被元世祖忽必烈封為大元帝師，統領西藏十三萬戶。圖為供於薩迦南寺的八思巴塑像。（陳宗烈攝於五十年代中）

二一·二
公元一二六九年，元世祖忽必烈委托薩迦派首領八思巴創製新蒙文，該文字一直作為公文書寫和書法形式的標準而得以保存。圖為用新蒙文（又稱八思巴文）繕寫的元朝皇帝聖旨。（陳宗烈攝）

二一·三
忽必烈授權八思巴統領管轄佛教事務和藏族地區的總制院。圖為八思巴以大元帝師名義頒佈的法旨，原件藏於西藏檔案館。（陳宗烈攝）

京），新建總制院，管理全國的佛教僧人和整個吐蕃地區。它是當時元朝政府設立的掌管整個藏族地區事務的中央王朝的機構，八思巴以皇帝上師的身份管理這一機構（即領總制院事）。

公元一二六五年，八思巴遵旨返回西藏，登上薩迦法座。他修建佛塔，用金汁書寫佛經，設置薩迦的官職。三年後，委任釋迦桑布為本欽（行政總管），其弟仁欽堅贊代理薩迦派教主，自己則返回內地，獻上新創製的蒙古文字，皇帝非常歡喜。一二七〇年，忽必烈再次請求八思巴傳授灌頂時，將西夏甲郭王的印改製為六棱玉印，封他為「皇天之下，大地之上，西天佛子，創製文字，化身佛陀，輔治國政，詩章之源，五明班智達八思巴帝師」，並賜給專門的詔書和眾多供養物。之後又加封為「大寶法王」。這就使薩迦派得到了淩駕於所有西藏地方首領之上的地位。

此後，八思巴再次請求返藏。元世祖把他送到阿尼瑪卿山下的黃河河曲，從那裡又派皇子真金率隨從護送到薩迦寺（公元一二七六年）。次年，他在後藏的曲彌仁摩寺

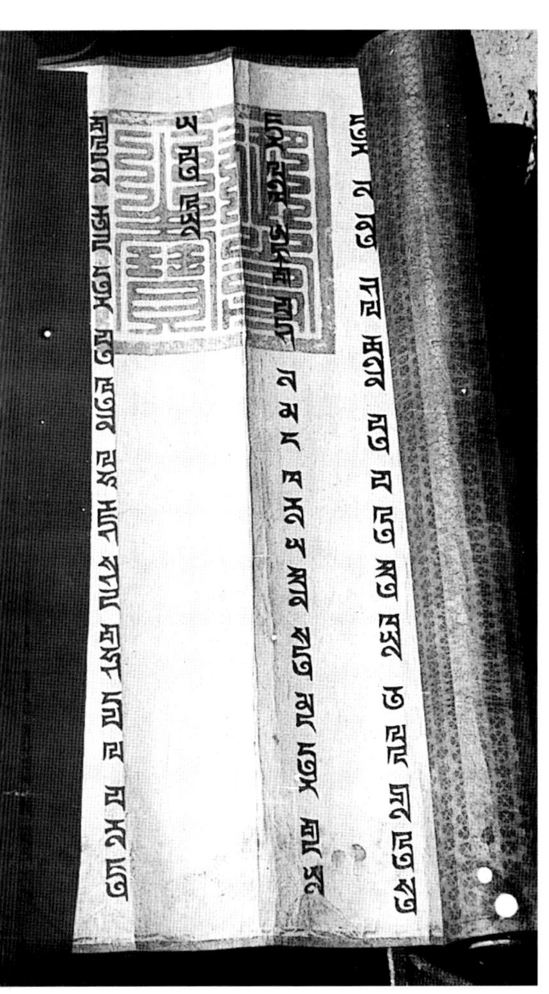

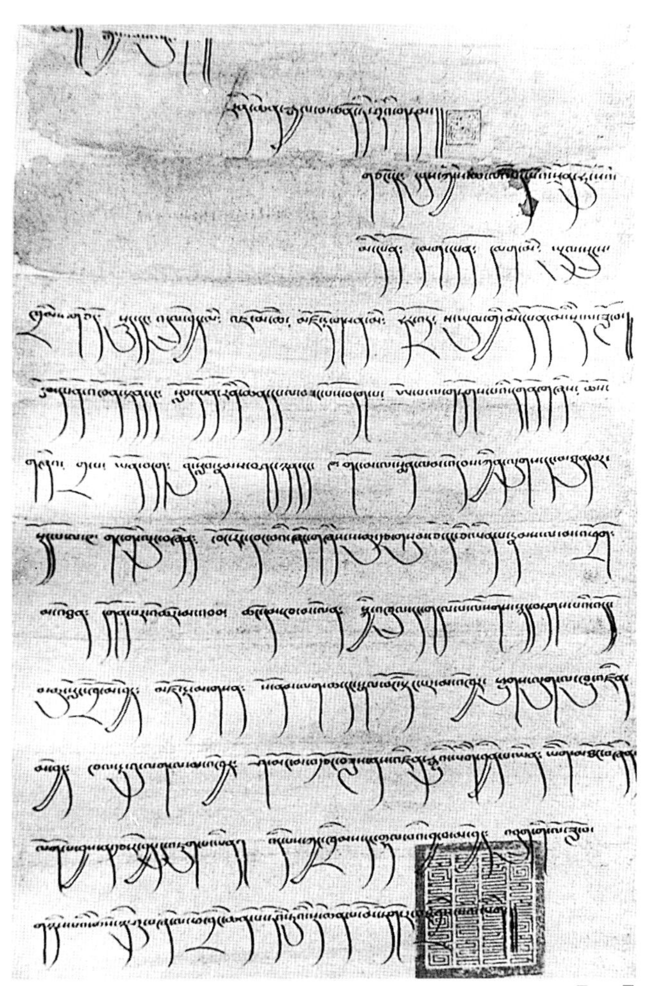

二一・三

（今日喀則市境內）舉行大法會，總計有十萬人參加，史稱「曲彌大法會」。由於這些活動，元朝皇帝「薛禪法王」的聲名傳遍西藏各地。公元一二八〇年，八思巴在薩迦寺圓寂。元世祖忽必烈再次賜封：「皇天之下，一人之上，開教宣文輔治，大聖至德，普覺真智，佑國如意，大寶法王，西天佛子，大元帝師板的達巴思八八合失」。

二一·四

元二十四年定置生員額二百人伴讀二十人至大四年生員三百人延祐二年增置生員一百人伴讀二十人
興文署秩從六品署令一員以翰林脩撰兼之署丞一員以翰林應奉兼之至治二年罷置典簿一員從七品掌提調諸生飲膳與凡文牘簿書之事仍置典吏一人
宣政院秩從一品掌釋教僧徒及吐蕃之境而隸治之遇吐蕃有事則為分院往鎮亦別有印如大征伐則會樞府議其用人則自為選其為選則軍民通攝

二一·五

二一·四 八思巴自十歲（公元一二四五年）隨伯父前往內地，公元一二六五和一二七六年曾兩次返回西藏，受到僧俗各界的熱烈歡迎。圖為薩迦寺唐卡卷軸畫中所繪僧俗各界歡迎八思巴返藏的盛大場面。（引自《八思巴畫傳》一九八七年版）

二一·五 從元朝起，中央政府即已設立管理西藏事務的機構——宣政院。圖為《元史》中有關宣政院的記載。（陳宗烈攝）

22

帕木竹巴政權

傳説藏人先祖六族姓之一的塞瓊查氏的後裔、天神八兄弟中的芒董達贊得了一個奇特的男孩，其頭頂上有一股像海螺一樣白的霧氣。父親十分高興，連叫了三聲「朗索」（是水汽啊！），由此男孩得名「拉色潘波切朗」（天神種族的朗氏潘波切）。由他往下逐漸繁衍，被人們稱之為朗氏家族。其後代扎巴迥乃拜帕竹噶舉派的創始人多吉杰布（公元一一一〇－一一七〇年）的親傳弟子止貢覺巴·久典貢波為師學佛，並遵師命住持帕木竹巴祖庭丹薩替寺，將其教派傳承與血緣關係結合起來，稱為帕竹朗氏家族。元時帕竹地區成為一個萬戶，轄地在

二二·一

第悉名	執政時間	備注
(一)絳曲堅贊	元至正十四－二十四年(公元1354－1364年)	公元1358年元朝頒給他大司徒的名號、詔書和玉印
(二)釋迦堅贊	元至正二十五年－明洪武六年(公元1365－1373年)	公元1372年明太祖封他為大司徒、靖國公、灌頂國師，並賜
		印章及世代管領吐蕃三個卻喀的詔書。
(三)京俄扎巴絳曲	明洪武七－十四年(公元1374－1381年)	
(四)索南扎巴	明洪武十四－十八年(公元1381－1385年)	
(五)扎巴堅贊	明洪武十八年－明宣德七年(公元1385－1432年)	公元1409年明永樂皇帝封他為闡化王，並賜詔書、玉印。
(六)扎巴迥乃	明宣德七年－明正統十年(公元1432－1445年)	公元1440年明正統皇帝賜給他封王的詔書
(七)貢噶勒巴	明正統十三年－明成化十七年(公元1448－1481年)	明正統帝、景泰帝(公元1436－1457年)賜封為王
(八)阿格旺波	明成化十七年－明弘治三年(公元1481－1490年)	「替東」(意為由丹薩替所派遣的)攝政官明弘治三－十二
		年(公元1490－1499年)
(九)阿旺扎西扎巴	明弘治十二年－明嘉靖四十二年(公元1499－1563年)	
(十)阿旺扎巴		(從他以下的帕竹第悉含混不清，通常的歷史記年法説，帕竹
		政權從公元1354年到1618年共存在二百六十四年)

二二·二

二二·一 坐落在西藏桑日縣雅魯藏布江北岸的丹薩替寺，為公元十二世紀藏傳佛教帕竹噶舉派祖師帕木竹巴·多吉杰布所建。圖為丹薩替寺遺址，攝於本世紀八十年代初期。(《中國西藏》雜誌社資料室提供)

二二·二 帕竹政權歷任第悉在位表（參見《西藏通史——松石寶串》一九九六年版）

雅魯藏布江中游，即現今山南地區乃東、瓊結、貢噶北部一帶。帕竹家族的迴甲沃扎巴仁欽由皇帝任命為帕竹萬戶長，賜給詔書和虎頭印，成為兼任丹薩替法座和帕竹萬戶長的第一人。

帕竹政權的締造者絳曲堅贊（公元一三〇二——三六四年），二十歲擔任萬戶長，他堅韌不拔，勵精圖治，逐步收回大部分屬地，振興了凋蔽的莊園經濟，在各地興修水利植樹造林，在香曲河上架設大橋，擴大乃東官寨的建築，興建澤當寺，建立仁蚌宗（相當於縣），使帕竹成為西藏各萬戶中實力最強者。公元一三五四年，他建立帕竹第悉政權，並興建了桑珠孜城堡（今日喀則）。四年後，他推翻了薩迦政權，開始統治整個西藏。元順帝妥歡鐵木兒派遣金字使者進藏，賜給他大司徒的名號和圓形銀印。

絳曲堅贊執政十年（公元一三五四——三六四年），制定了一些獨特的措施，如規定朗氏家族的後裔中掌權者為三人：帕竹第悉、丹薩替寺京俄（法主）和澤當寺的座主，即使帕竹第悉也應出家，學通顯密經論，沒有酒色過失等；承擔繁衍後裔之事的，在娶妻時不能娶外面的地方首領及有權勢的家族的

二二·三

二二·四

女子，除特殊情況外只能娶一個妻子等。他還制定了十五法和許多屬於法律和行政法規範圍的規定，公佈執行，如西藏十三個大宗的宗本（縣長）每三年輪換；在貢噶、扎喀、內鄔、沃喀達孜、桑珠孜、倫珠孜、仁蚌等烏思藏的要緊的中心地方建了十三座大城堡等。帕竹第二任第悉釋迦堅贊於公元一三七二年，被明朝皇帝太祖朱元璋封為大司徒、靖國公、灌頂國師，並獲賜印章及世代管領吐蕃三個卻喀教區的詔書；公元一四〇九年，明永樂皇帝封帕竹第五任第悉扎巴堅贊為闡化王，賜給他詔書和玉印，這時帕竹政權達到了鼎盛期。該政權歷任十任第悉，後為藏巴第司地方政權所取代。

二二・五

二二・三 司徒絳曲堅贊（公元一三〇二—一三六四年），為西藏中世紀帕竹政權的締造者，他以雅隆河谷為基地，兼併其他萬戶，並在公元一三五四年推翻了薩迦政權的統治，被元順帝封為大司徒。（《中國西藏》雜誌社資料室提供）

二二・四 明世宗嘉靖四十一年（公元一五六二年），封授西藏地方首領帕木竹巴為「灌頂國師闡化王」的聖旨。（陳宗烈攝）

二二・五 公元一四〇九年，明朝永樂皇帝封帕竹政權首領扎巴堅贊為闡化王，賜給詔書和玉印，從此他被尊稱為王扎巴堅贊。圖中玉印現藏於拉薩羅布林卡。（陳宗烈攝）

23

明朝治藏政策：多封眾建

明朝對西藏地區的統治，基本上沿襲了元代的制度，同時又進一步把藏族官職納入了明代地方行政統治機構以內。公元一三七三年，明朝設立烏思藏、朵甘衛指揮使司，受西安行都指揮使司統轄。以後又設立了從指揮使、宣慰使到萬戶、千戶、百戶等各級官職，並由明朝政府決定西藏各級地方官吏的任免、升遷和更替。

除設置專門的管理機構外，明朝對西藏佛教各教派的領袖都加封號，採取「因其俗尚，崇其宗教，尚用僧徒，安撫為主」和「多封眾建，分割統治」的辦法。如封絳曲

皇帝聖旨中書省官我根前題奏西安行都衛文書裏呈來說烏思藏哈尔麻剌麻卒尔普寺在那里住坐修行我想修行是好的勾當教他穩便在那里住坐諸色人等休教搔擾說與那地面裏官人每知道者

洪武八年正月　日

二三・一

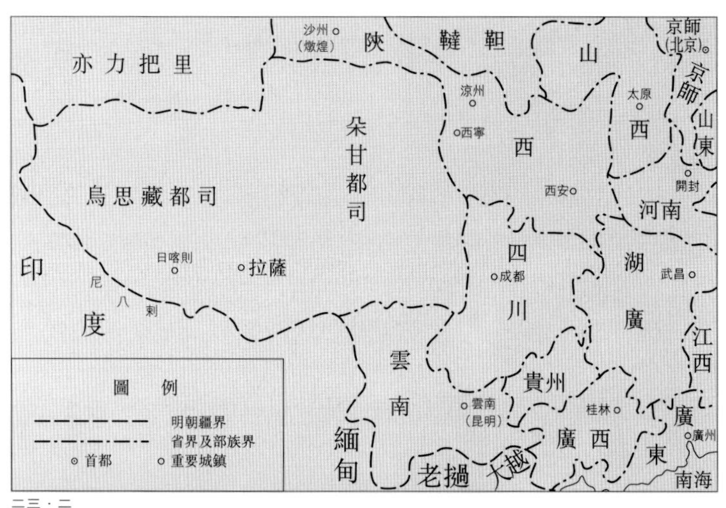

二三・二

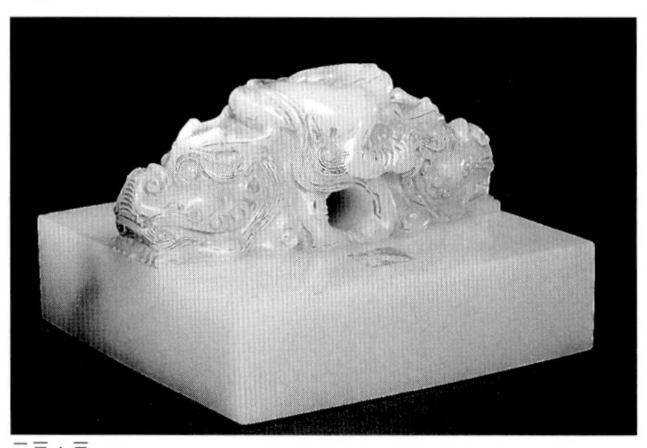

二三・三

二三・一 明朝對西藏實行「多封眾建，尚用僧徒」的政策，以維持這一地區的穩定。終明一代，其皇帝均對西藏僧侶首領大加封授，圖為明太祖封賜楚布寺噶瑪巴活佛的敕書。（陳宗烈攝）

二三・二 明朝烏思藏都司、朵甘都司兩區（即藏族地區）位置圖。

二三・三 圖為明朝永樂帝敕封藏傳佛教噶瑪派五世活佛的如來大寶法王印，上述封號為歷輩噶瑪巴活佛所承襲。此印現藏於拉薩羅布林卡（陳宗烈攝）

二三・四 明洪武年間封西藏阿卜東為必里衛千戶的封誥（陳宗烈攝）

二三・五 公元一四〇六年，藏傳佛教噶瑪巴第五世黑帽活佛得銀協巴應永樂帝之召來到南京，在靈谷寺為明太祖朱元璋和皇后薦福，永樂帝則封其為如來大寶法王。圖為當時繪製、記載這次盛大活動的長卷畫兩幅，此畫現藏於北京故宮博物院。（《中國西藏》雜誌社資料室提供）

堅贊的侄兒釋迦堅贊為「灌頂國師」，封噶瑪巴活佛為「大寶法王」，封薩迦派法主為「大乘法王」，封黃教宗喀巴的弟子釋迦也失為「西天佛子大國師」，後加封為「大慈法王」；此外，還有「贊善王」、「護教王」、「闡教王」、「國師」、「禪師」等等。

明初，明室共給西藏宗教首領封過八位法王或王者，兩位西天佛子，二十七位灌頂大國師或國師。這些受封的宗教領袖和僧俗官員，按新轄戶口，年年納馬和土特產作為對朝廷繳納的貢品，朝廷照例給予優厚的回賜。從此，從藏區到京城沿途，喇嘛、官員、朝貢使團絡繹不絕，有的多達三、四千人，不僅加強了政治上的聯繫，也有利於經濟文化上的交流。不過，由於人數太多，民間不堪其擾，後來明廷不得不對進貢的規格、年限和人數加以限制。

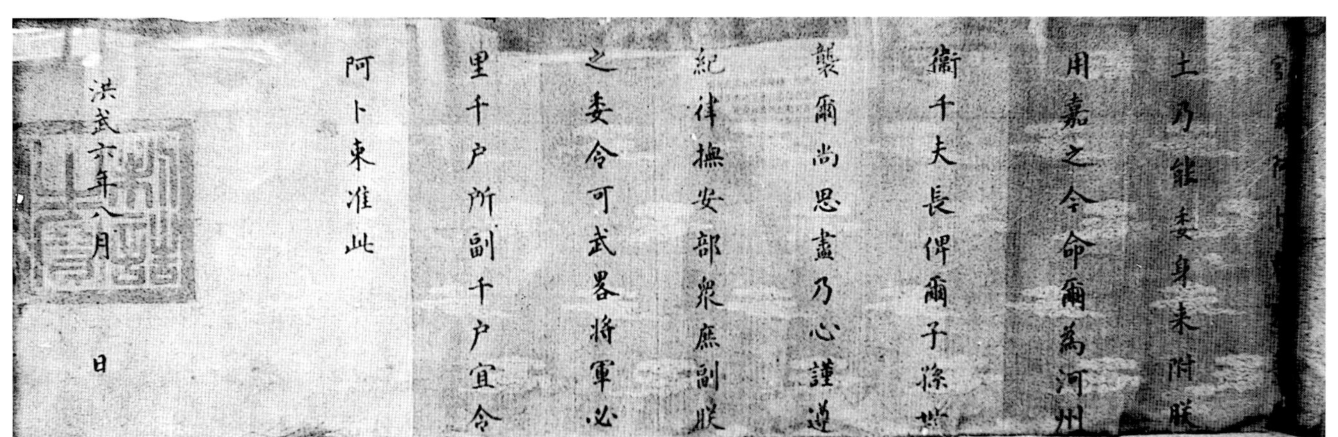
土乃能委身來附朕
用嘉之今命爾為河州
衛千夫長俾爾子孫世
襲爾尚思盡乃心謹遵
紀律撫安部衆庶副朕
之委令可武畧將軍必
里千戶所副千戶宜令
阿卜東准此
洪武六年八月 日

二三·四

二三·五

24

帕竹時期的江孜

帕竹時期是中世紀的西藏較為興盛的時期，處於前後藏交匯處的水晶江孜當時更是一個政教興隆、經濟活躍、文化繁榮的境域。江孜地跨年楚河中上游，這裡河谷平闊，田園稠密，雨量充沛，自古就是雪域西藏的著名糧倉。薩迦王朝的朗欽（總管）帕巴·貝桑布，因征服南方部落有功，被封為江孜地方的首領。他在年楚河東建造了江孜城堡，河西建造了紫金城堡，兩個城堡隔河相望，奠定了他的家族統治江孜一帶的根基。他死後長子朗欽貢噶帕掌管江孜城堡，次子索朗貝掌管紫金城堡，成為當時已

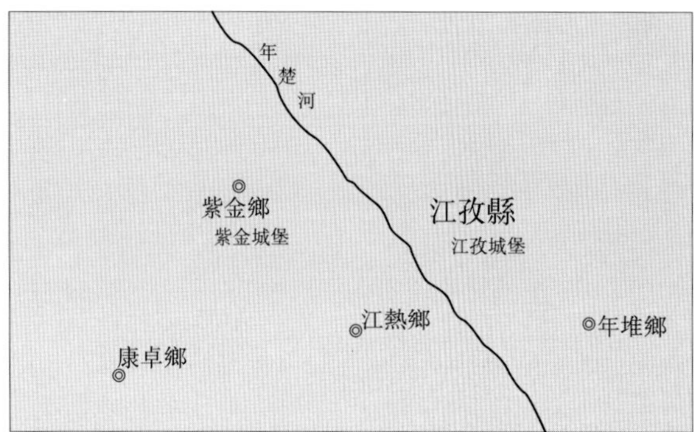

二四·一

二四·二

二四·三

二四·一 江孜城堡、紫金城堡示意圖。

二四·二 坐落在西藏年楚河上游的江孜城，始建於吐蕃王朝末期，至帕竹政權時期（公元十四世紀至十六世紀）最為興盛。圖為本世紀初的江孜城市容。

二四·三 白居寺佛塔為公元一四一八年江孜地方首領熱丹貢桑帕所倡建，其造型獨特，文物豐富，僅佛像即達十萬餘尊，因此又稱十萬佛塔。圖為白居寺及白居寺佛塔。（陳宗烈攝於五十年代中）

經被帕竹勢力征服的薩迦教派的主要支柱。

第三代首領熱丹貢桑帕（公元十五世紀前期），達到了這個被稱為夏喀哇的家族統治的全盛期。熱丹貢桑帕多次向明朝中央朝貢，獲得榮祿大夫、大司徒等封號。他與當時統治全藏的帕竹第悉闡化王扎巴堅贊保持親密關係，一度充任這位政教領袖的內侍；同時又竭力支持已經失勢的薩迦教派，繼續擔任其世襲朗欽（總管）的職務。這樣就使江孜地區保持了長時期的社會穩定，有利於經濟的發展和宗教的繁盛。他在年楚河上架設了大橋，使兩岸暢通無阻，同時興修水利，植樹造林，動員屬民織氆氌、編卡墊，從此這裡生產的卡墊和氆氌聞名整個藏區。

熱丹貢桑帕在宗教上也有着諸多建樹。首先，他織造了當時西藏最大的彩緞佛像，僅中間的釋迦牟尼繡像就高達八十肘（約三十公尺），張掛出來如同長空彩霞，成為當時一大奇觀。其次，他迎請宗喀巴大師弟子克珠杰修建了吉祥法輪白居寺，主殿供奉的大佛像，所用黃銅達二萬八千斤。該寺有十六個扎倉（僧院），包容格魯、薩迦、布頓各個教派，成為西藏一個最具特色的寺院。當時還建

造了高達九層的白居寺佛塔，佛塔有一百零八張門，七十七間佛殿，殿內佈滿唐卡、壁畫和神佛造像，僅佛像就有十萬之多，故稱「十萬佛塔」。江孜白居寺開光之際，江孜城內外熱鬧非凡，舉行了跑馬、射箭、歌舞、角力等餘興活動，從此開創了江孜達瑪節的先河。熱丹貢桑帕還以藏傳佛教經典《甘珠爾》（納塘版）為底本，用金汁寫造了一部完整的《甘珠爾》，史稱「江孜定邦」，獲得了廣泛的讚譽。

二四・四

二四·五

二四·六

二四·四 江孜白居寺是一個兼容西藏各個教派的寺院，每年藏曆五月各教派僧人要表演薩迦、布頓、格魯諸派的金剛法舞。圖為金剛法舞中黑帽咒師祈神作法的場面。（張鷹攝於八十年代中）

二四·五 每年藏曆五月的江孜達瑪節，起源於江孜法王熱丹貢桑帕（公元十五世紀前期）時期，節目有跑馬、射箭、角力，非常豐富。圖為九十年代初達瑪節賽牦牛的場面。（多吉占堆攝）

二四·六 江孜是前後藏交界處的經貿中心和手工業生產重鎮，這裡生產卡墊已有數百年的歷史，圖為藏族匠師正在完成卡墊（藏毯）的最後一道工序：剪毛。（陳宗烈攝於一九五七年）

25

湯東杰布和鐵索橋

湯東杰布（公元一三六一——一四八五年），西藏昂仁縣沃嘎達孜地方人，原名朝沃貝丹。小時候放過羊，做過生意，後父親讓他繼承家業，他卻執意皈依佛法，在附近的強頂寺師從尼瑪僧格出家，取法名尊珠桑布。他在強頂寺發奮攻讀佛教經典，潛心修習顯密二宗，並在昂仁大寺聽受深密教義，到薩迦寺院參加經學辯論。受比丘戒後，南去尼泊爾和印度雲遊十八年，粉刷了帕巴香袞大佛塔，從班智達們那裡獲得了深廣教法。然後返回家鄉，在高山巖洞裡禪定七年，證驗呢谷六種秘法。接着，他離開故

二五・一

二五・一 湯東杰布（公元一三六一——一四八五年），為藏傳佛教香巴噶舉派苦行僧人，也是西藏歷史上一位傳奇式人物。相傳他首創藏戲到處表演，募化錢財和鐵料，在西藏各大江河上架設鐵索橋達五十八座之多，被後世尊為藏戲祖師和鐵橋活佛。圖為湯東杰布的壁畫像。

二五・二 相傳由湯東杰布倡修、在雅魯藏布江上的拉孜鐵索橋，至今仍然保存並供人畜來往。（陳宗烈攝於一九五七年）

二五・三 牛皮船是西藏古老而獨特的水上運輸工具，被稱為水上交通的活化石。圖為牛皮船在雅魯藏布江靠岸的情形。（陳宗烈攝於一九五七年）

二五・四（後頁） 西藏雅魯藏布江下游（米林縣境內）的獨木舟。（陳宗烈攝於一九六〇年）

二五・五（後頁） 相傳藏戲是湯東杰布所創，圖為拉薩覺木隆藏劇團在大昭寺廣場演出藏戲《文成公主》。（陳宗烈攝於五十年代中）

土，遍訪西藏名川大山，尋師求法，在拉薩修習了三年，被信徒們尊為「湯東杰布」，意為「曠野上的國王」。

湯東杰布在各地雲遊訪學期間，深感西藏山高水險，交通極為不便，遂萌生了在江河上架設鐵索橋的宏願。有次渡過拉薩河時，遭到牛皮船夫的無理毆打，他想：「渡船被嘴硬有錢的人掌握，不讓窮人上船，窮人連過河的權利都沒有，現在是按照上師、本尊、空行母的授記，是修架鐵索橋的時候了。」於是，聚集眾多追隨他的弟子，到工布地區開採鐵礦，同時廣泛募集鐵塊，親自掌爐打製鐵鏈。公元一四三〇年，他在拉薩城東南河面上成功架設首座鐵索橋，當地頭人百姓都來歡慶。從此湯東杰布名聲遠揚，被尊為「甲桑珠古」（意為鐵橋活佛）。他在前後藏、安多地區、門隅等地，先後架設鐵索橋五十八座，大小木船一百一十八隻，木橋六十座，民間傳説湯東杰布為了宣傳修橋造船的功德，募化錢財和鐵料，曾和山南瓊結地方七姐妹一起創造了藏戲，故又被藏戲藝人尊為祖師。

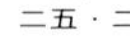
二五・二

二五・三

二五·四

二五·五

26

豐富的歷史典籍

隨着西藏由分裂走向統一，政治相對穩定，經濟有了發展，文化也開始興盛。許多學者繼承吐蕃時期撰寫歷史的傳統，著述史書蔚然成風，許多歷史名著先後湧現，大致可分王統史、佛教史、家族史等幾個部分。

著名的王統史有蔡巴·貢噶多吉（公元一三〇九——三六四年）所著《紅史》、薩迦巴·索南堅贊（公元一三一二——三七五年）著《西藏王統世系明鑒》（有譯為《西藏王統記》）、郭譯師旋努拜（公元一三九二——四八一年）著《青史》、達倉宗巴·班覺桑布（生卒年不詳）著《漢藏史集》（公元一四三四年成書）、班欽·索南扎巴

二六·一

二六·二

二六·一 四川德格印經院，是中國藏區三大印經院之一。公元一七二九年由德格土司丹巴次仁始建，現藏經板二十一萬多塊，為藏族傳統文化的寶庫。圖為德格印經院外景。（高國鎔攝於一九八七年）

二六·二 德格印經院僧人在印刷經書（高國鎔攝於一九八七年）

二六·三（後頁） 德格印經院所藏的部分印經板（高國鎔攝於一九八七年）

二六·四（後頁） 成書於公元一三八八年的《西藏王統記》，是薩迦派高僧索南堅贊（公元一三一二—一三七五年）撰寫的歷史名著，記述了西藏人種起源、遠古社會直至公元十五世紀以前的西藏王統傳承和政治、宗教歷史。圖為該書的封面和內文。（張鷹攝）

(公元一四七八——五五四年）著《新紅史》、巴臥·祖拉陳哇（公元一五〇四——五六六年）著《賢者喜宴》（有譯為《智者喜宴》）、五世達賴阿旺羅桑嘉措（公元一六一七——六八二年）著的《西藏王臣記》、松巴堪布益希班覺（公元一七〇四——七八八年）所著的《如意寶樹》和作者待考的《拉達克王統記》（約成書於二十世紀）等。

佛教史中比較著名的有布頓·仁欽珠（公元一二九〇——三六四年）所著的《布頓宗教源流》（有譯《佛教史大寶藏論》）、雅隆小王子釋迦仁欽德著的《雅隆教法史》（約在公元一三七八年成書）、班欽·索南扎巴著的《噶當教史》、珠巴活佛白瑪噶布（公元一五二六——五九二年）著的《珠巴教史》、達隴巴·阿旺登喬桑布著的《達隴教史》（成書於公元一六四八或一六六九年）、第巴桑結嘉措（公元一六五三——七〇五年）著的《格魯教史》、土觀·洛桑卻吉尼瑪（公元一七三七——八〇二年）著的《土觀教派源流》和扎貢巴·貢喬登巴饒杰（公元一八〇一年—？）所著《安多政教史》等。

家族史中著名的有阿旺·貢噶索南（公元一五九七年—？）所著《薩迦世系史》、降巴·貢噶堅贊所著《德格土司世系》（約成書於公元一八二八年）、大司徒絳曲堅贊（公元一三〇二——三六四年）所著的《朗氏家族史·靈犀寶卷》等。

二六·三

二六·四

27

藏文大藏經的編纂和木刻印刷

藏文大藏經是藏傳佛教的經典總彙，分為正藏《甘珠爾》和續藏《丹珠爾》。《甘珠爾》主要為佛祖釋迦牟尼親傳的經典，包括佛教教義和戒律，《丹珠爾》則是對佛教教義的各種注釋，包括藏族高僧大德的著述。

公元十三世紀末，後藏納塘寺主持覺丹日貝繞珠廣泛收集藏文經典，將其按經、續、論等編成《甘珠爾》、《丹珠爾》兩大部分，稱為《納塘目錄》。蔡巴萬戶長貢噶多吉以《納塘目錄》為基礎，用金汁和銀汁書寫了一部完整的《甘珠爾》，這部《甘珠爾》經過當時的大學者布頓．仁欽珠校訂，蔡巴．

二七．一

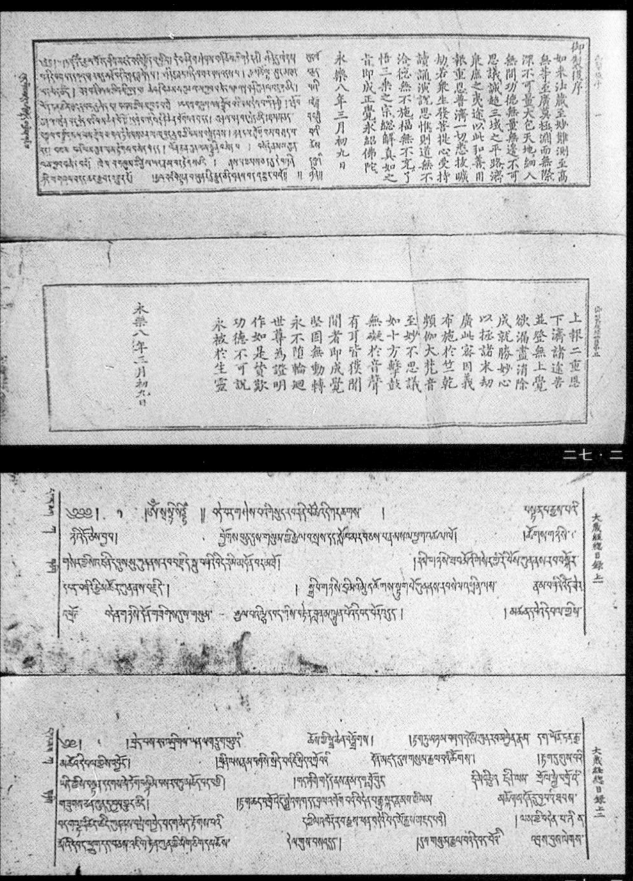

御製後序

如來法藏至妙難測至高
無等至廣莫極淵而無際
深不可量大包天地細入
無間功德無量無邊不可
思議誠越三域之平路濟

永樂八年三月初九日

上報二親恩
下濟諸迷者
並登無上覺
欲滿盡消除
成就勝妙心
以拯諸未劫
廣此審因義
布施於竺乾
頻伽大梵音
至妙不思議
如十方擊鼓
無礙於音聲
有耳皆獲聞
聞者即成覺
堅固無動轉
永不墮輪迴
世尊為證明
作如是贊歎
功德不可說
永被於生靈

永樂八年三月初九日

二七．二

二七．三

二七．一
藏文大藏經為藏文佛教典籍叢書，由《甘珠爾》（佛語部）和《丹珠爾》（佛論部）組成。《甘珠爾》由公元十四世紀西藏蔡巴萬戶長貢噶多吉編訂，布頓．仁欽珠校審。《丹珠爾》由布頓．仁欽珠編訂。圖為西藏日喀則附近的夏魯寺，布頓．仁欽珠（公元一二九〇—一三六四年）即為該寺的住持。（陳宗烈攝於八十年代中）

二七．二
公元一四一〇年，明永樂皇帝派內臣侯顯到西藏迎請了藏文大藏經底本，在南京刻印了全套藏文大藏經《甘珠爾》，這是藏文《甘珠爾》的首次印刷。圖為永樂朱砂版《甘珠爾》御製後序，該經書現藏於拉薩布達拉宮。（《中國西藏》雜誌社資料室提供）

二七．三
永樂版《甘珠爾》總目錄（《中國西藏》雜誌社資料室提供）

二七．四（後頁）
布達拉宮的經書庫，該庫藏有永樂版（又稱南京版）藏文《甘珠爾》和北京版藏文《甘珠爾》。（陳宗烈攝於五十年代中）

二七．五（後頁）
西藏各大寺院幾乎都有印經院，圖為扎什倫布寺印經院僧人在印製經書。（陳宗烈攝於一九五七年）

二七．六（後頁）
布達拉宮內的木匣珍藏《大藏經》，經書用精美的木匣珍藏。（陳宗烈攝於一九五七年）

貢噶多吉編定目錄，史稱《蔡巴甘泉》。幾乎與此同時，夏魯寺也以納塘版《甘珠爾》為基礎，由布頓·仁欽珠校訂，新增一千多篇，用金銀汁書寫了一部完整的《丹珠爾》，史稱《夏魯丹珠爾》。在此之後，衛藏各地書寫《甘珠爾》、《丹珠爾》蔚然成風，其中最著名的有乃東王扎巴堅贊主持寫造的乃東《甘珠爾》和《丹珠爾》；江孜法王熱丹貢桑帕主持寫造的江孜《甘珠爾》和《丹珠爾》。藏文大藏經內容廣博，卷帙浩繁，長短並不完全相同。藏文史籍稱蔡巴《甘珠爾》有二百六十函，一千一百零八種；《夏魯丹珠爾》有二百零二函，三千四百六十一種。

木刻印刷在十五世紀前後已經從內地傳入西藏，乃東王扎巴堅贊曾主持印刷《薩迦五祖文集》；內鄔宗（宗，相當於縣）宗本（縣長）朗噶桑布曾主持印刷《宗喀巴大師文集》。但是，因為大藏經函數眾多，當時西藏尚無法木刻印刷全套的《甘珠爾》和《丹珠爾》。第一部藏文《甘珠爾》是明朝永樂年間在南京付梓的，稱為南京版；明朝萬曆年間又在北京印刷了《甘珠爾》和《丹珠爾》，稱為北京版。公元一六〇九年，雲南麗江木氏土司刻印了藏文《甘珠爾》，後來這些經板又移至理

二七·四

塘，因此稱《麗江理塘版》。公元十八世紀，郡王頗羅鼐在前人的基礎上，木刻了一部完整的《甘珠爾》，存於納塘寺。此後相繼有德格版、卓尼版、拉薩版等大藏經刊行。

二七．五

28

宗喀巴創立格魯派

宗喀巴羅桑扎巴（公元一三五七－一四一九年），安多宗喀（今青海湟中縣）人，七歲出家，十六歲赴西藏深造，先後拜薩迦、噶瑪噶舉派、噶當派等的高僧大德為師，學習佛法，博學多聞，聞名全藏。為針對當時西藏各教派僧人不守戒律，他一面身體力行，嚴守戒規，一面寫下著名的《菩提道次第廣論》、《密宗道次第廣論》，作為宗教改革的理論。約在公元一三八八年，他規定其徒眾戴黃色僧帽，成為革新藏傳佛教並創立新教派的一個標誌。

公元一三九九年，他在沃喀宗舉行正月初一到十五的法

二八・一

二八・二

會，是他革新宗教的開端。同年，他接受烏思藏的實際統治者、明封闡化王帕竹第悉扎巴堅贊之請，長期駐錫拉薩地區傳法授徒，在闡化王及其下屬內鄔宗（縣）宗本（縣長）等的大力資助下，經過兩年多的周密籌劃，於一四〇九年正月初一，他仿供養法會的形式創立藏傳佛教祈願法會，又稱傳召大法會。法會在拉薩大昭寺舉行，宗喀巴親臨主持並宣講「佛本生傳」。法會延續的十五天裡，獲得許多財物，充份顯示了他的實力和威望。同年，在帕竹地方政權的支持下，他在拉薩東郊興建了甘丹寺，成為藏傳佛教格魯派（俗稱黃教）的祖庭。

宗喀巴創建格魯派後，他的弟子增修寺院，使他的教義廣為弘傳。公元一四一六年，弟子絳央曲杰在拉薩西郊修建了哲蚌寺，一四一九年，他的另一個弟子釋迦也失在拉薩北郊修建了色拉寺，與甘丹寺合稱「拉薩三大寺」，其中哲蚌寺更成為格魯派實力最為雄厚的寺院。一四四七年，宗喀巴大師最小的弟子根敦珠巴在日喀則興建了扎什倫布寺（後來成為歷輩班禪駐錫地）。此外，青海的塔爾寺、甘肅的拉卜楞寺相繼興建，合稱黃教六大寺。

二八・一 宗喀巴（公元一三五七——一四一九年），藏傳佛教格魯派（又稱黃教）創始人，該派主張身體力行，嚴守戒規，以針對當時西藏各教派僧人不守戒律的陋習。圖為供奉在宗喀巴主持修建的甘丹寺內的宗喀巴大師像。（陳宗烈攝於一九五七年）

二八・二 始建於公元一四〇九年的甘丹寺，該寺位於拉薩以東四十五公里處的汪布爾山上，為藏傳佛教格魯派（黃教）祖廟。此後，廣修寺院便成為格魯派特色之一。圖為甘丹寺全景，此寺在六十年代曾遭毀壞，現已修復。（陳宗烈攝於一九五七年）

二八・三

二八・四

二八・六（後頁） 坐落在西藏日喀則尼色山下的扎什倫布寺，為公元一四四七年宗喀巴大師的弟子根敦珠巴（後追認為一世達賴喇嘛）始建，後成為歷輩班禪活佛駐錫之地。圖為扎什倫布寺外觀。（陳宗烈攝於一九八七年）

二八・七（後頁） 藏傳佛教寺院非常注重宗教音樂的演奏，長號和法鼓是各種宗教法會上的主要樂器。圖為哲蚌寺喇嘛在法會上演奏。（陳宗烈攝於一九五七年）

二八・五

二八・三
哲蚌寺為宗喀巴大師弟子絳央曲杰於公元一四一六年始建，坐落在拉薩西郊根培烏孜山下，後來形成為中國最大的佛教寺院，僧人曾經多達萬人，圖為哲蚌寺大經堂。（陳宗烈攝於一九八七年）

二八・四
色拉寺坐落在拉薩北郊，公元一四一九年由宗喀巴大師八大弟子之一的釋迦也失始建，它是藏傳佛教格魯派拉薩三大道場之一。（高國鎔攝於一九八〇年）

二八・五
宗喀巴大師，原籍青海湟中縣魯沙爾鎮，大師圓寂後當地僧俗首領修建了塔爾寺以紀念他的功績，後來塔爾寺成為藏傳佛教在青海最大的寺院。圖為塔爾寺大經堂。（高國鎔攝於一九九三年）

二八・六

二八・七

29

格魯派的僧侶組織和學經制度

格魯派寺院有自己獨特的僧侶組織和學經制度，以拉薩三大寺為例，寺廟的最高管理機構叫拉基，相當於一個大學的校務委員會。拉基下面是扎倉（僧院），相當於大學的幾個學院。扎倉有獨立的財產，也有獨立的學習制度。扎倉下面分為康村，是個地域性的機構。屬於某個地域的僧人一般都要加入該地區的康村。康村下面是米村，那是更小範圍的地域性組織。

按規定，拉基由各扎倉的堪布（住持）和堪蘇（卸任住持）組成，並任命兩名稱為「吉索」的大喇嘛管理經濟

二九・一

二九・二

二九・一
哲蚌寺學經僧要用二十年左右的時間，精通佛教五部大論，學習主要通過經師講授和法苑辯論進行。圖為哲蚌寺的僧人在法苑辯論《中觀》經。（嘎瑪士多攝於一九九四年）

二九・二
修習密宗的喇嘛在繪製壇城（王維新攝於一九九三年）

事務，兩名協敖管理僧人紀律，俗稱鐵棒喇嘛。還有措欽翁則一人，負責領導唸經；雄令巴一人，負責辯論和經學考試。每個扎倉都設有扎倉堪布（住持）一人，只有取得格西學位的人才能擔任，其他組成人員與拉基類似。康村中設康村格根（老師）一人、助理格根數人，以管理全康村事務。米村組織與康村相同。拉薩三大寺的編制亦有規定：甘丹寺三千三百人，色拉寺五千五百人，哲蚌寺七千七百人。有了這樣完整而嚴密的組織，在政治上有很大的影響力。凡三大寺要求西藏地方政府採取某項措施時，便舉行自下而上，即米村、康村、扎倉、措欽（大經堂）各級會議，決定出總的意見，然後由寺院代表送交地方政府。

一個兒童進入三大寺，先要確定進顯宗院還是密宗院。密宗院專修密法，不能考取學位。顯宗院專習佛教哲學，其最終目的是考取格西（格魯派最高學位）。在顯宗院內，兒童粗通藏文之後，分班研習因明、般若、中觀、戒律、俱舍五部大論。學習的方法經常採用辯論的方式，學僧每年春秋兩季都要集中進行辯論和考核，通過辯論考

二九．三

二九．四

二九．三 一個孩子進寺當喇嘛，要拜一位管學習的師傅，還要拜一位管生活的師傅，嚴格管理他的經學和品行。圖為一位幼僧在師傅的指導下認真學習。（高國鎔攝於八十年代中）

二九．四 藏傳佛教格魯派寺院有着嚴密的組織系統，僧人研讀經典也有完備的修習過程。圖為哲蚌寺初級班的學僧學經中間用「吐巴」粥。（陳宗烈攝於一九五七年）

二九．五（後頁） 格魯派僧人最高學位是拉讓巴格西，大致相當於佛學博士。格西是在一年一度的拉薩傳召大法會上通過答辯排列名次的。圖為一九八七年拉薩傳召大法會格西答辯的情形。（張鷹攝）

核合格才能轉學第二部。直至全部掌握五部大論（一般要用二十年時間），才可獲取格西學位。格西學位按水平高低可分四種，最高的為拉讓巴格西，在每年藏曆正月的傳召大法會上，通過公開問難確定名次；其次是磋讓巴格西，在每年藏曆二月傳召小法會上用同樣的方法產生；再次是朵讓巴和林色格西，由僧人所在寺院授與。總之獲得格西學位之後，一個格魯派僧人就有了佛學地位和榮譽。

二九・六

二九・七

二九・六 鐵棒喇嘛是拉薩三大寺維護寺院紀律的僧人，藏語稱「協敖」。哲蚌寺鐵棒喇嘛在傳召期間要負責整個拉薩市區的法紀，因此具有極大的權勢。圖為哲蚌寺鐵棒喇嘛(左)和他的隨從。(陳宗烈攝於一九五七年)

二九・七 甘丹赤巴是整個藏傳佛教格魯派的總住持，只有經過長期的顯密宗修習和嚴格的修身程序才能登上這個高位，因此是藏傳佛教僧人修習的巔峰。圖為第九十六任甘丹赤巴圖丹貢噶。(陳宗烈攝於一九五七年)

30

達賴活佛轉世系統

達賴喇嘛是格魯派乃至藏傳佛教最大的活佛之一，被認為是觀世音菩薩的化身。

公元十六世紀中葉，格魯派最有實力的哲蚌寺襲用了噶瑪噶舉派的活佛轉世辦法，於公元一五六四年尋找到一位年僅三歲的幼童，作為該寺深得眾望的第九任法台及色拉寺第十任法台根敦嘉措的轉世靈童，取法名索南嘉措，承襲前世，充當了黃教首寺的領袖。

索南嘉措於公元一五七六年，應土默特蒙古首領順義王俺答汗之請，到蒙古地方弘傳教法。俺答汗贈給他「聖

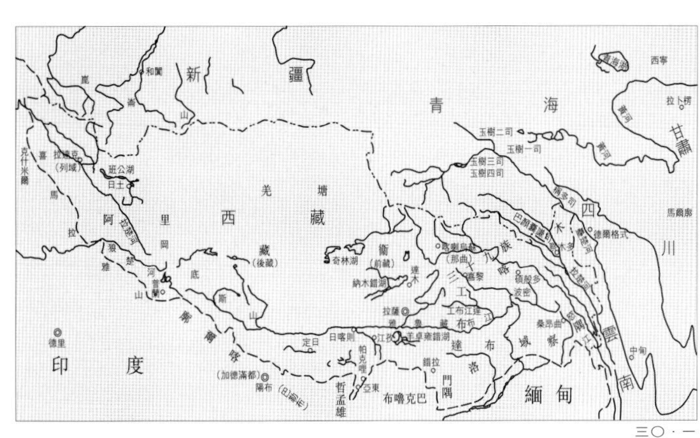

三〇・一

三〇・二

世次	名字	出生地	生年	卒年	享年	備注
一世	根敦珠巴	後藏霞克堆地方果米牧區	明洪武二十四年（公元1391年）	明成化十年（公元1474年）	83	
二世	根敦嘉措	後藏達納	明成化十一年（公元1475年）	明嘉靖二十一年（公元1542年）	67	
三世	索南嘉措	前藏堆龍	明嘉靖二十一年（公元1542年）	明萬曆十六年（公元1588年）	46	
四世	雲登嘉措	蒙古圖克隆汗部	明萬曆十六年（公元1588年）	明萬曆四十四年（公元1616年）	28	
五世	阿旺羅桑嘉措	山南瓊結	明萬曆四十四年（公元1616年）	清康熙二十一年（公元1682年）	66	清朝冊封為「西天大善自在佛所領天下釋教普通瓦赤喇呾喇達賴喇嘛」，賜金冊金印。從此達賴喇嘛的稱號才確定下來。
六世	倉央嘉措	前藏門隅	清康熙二十二年（公元1683年）	清康熙四十五年（公元1706年）	23	
七世	格桑嘉措	四川理塘	清康熙四十六年（公元1708年）	清乾隆二十二年（公元1757年）	50	清朝加封為「宏法覺眾六世達賴喇嘛」（實為七世）。公元1751年，清朝正式委派七世達賴管理西藏政教事務。
八世	強白嘉措	後藏托布甲	清乾隆二十二年（公元1757年）	清嘉慶九年（公元1804年）	47	公元1781年清朝皇帝令八世達賴親政。
九世	隆朵嘉措	原西康鄧柯	清嘉慶九年（公元1804年）	清嘉慶二十年（公元1815年）	11	公元1808年清朝批准九世達賴免於金瓶掣籤，啟用前輩達賴之印，並派都權郡王看視九世達賴坐床。
十世	楚臣嘉措	四川理塘	清嘉慶二十年（公元1815年）	清道光十七年（公元1837年）	22	清朝皇帝於公元1822年命令靈童三人金瓶掣籤，楚臣嘉措為十世達賴。
十一世	凱珠嘉措	康定	清道光十七年（公元1837年）	清咸豐五年（公元1855年）	18	經金瓶掣籤，凱珠嘉措為十一世達賴，清朝皇帝派章嘉呼圖克圖看視坐床。公元1855年清朝皇帝命令十一世達賴親政。
十二世	成烈嘉措	桑日沃卡增且	清咸豐五年（公元1855年）	清光緒元年（公元1875年）	20	公元1858年由駐藏大臣滿慶主持金瓶掣籤，成烈嘉措為十二世達賴。
十三世	土登嘉措	朗縣朗頓	清光緒元年（公元1875年）	民國二十二年（公元1933年）	58	清朝皇帝冊封十三世達賴「誠順贊化西天大善自在佛」。國民黨追封為「護國弘化普慈圓覺大師」。
十四世	丹增嘉措	青海湟中	民國二十四年（公元1935年）			公元1940年2月5日，國民黨政府發佈命令：「青海靈童拉木登珠慧情湛深，靈異特著，查係第十三世達賴喇嘛轉世，應即免於抽籤，特准繼任為十四世達賴喇嘛，此令。」國民黨政府蒙藏委員會委員長吳忠信主持了十四世達賴的坐床典禮。

識一切瓦齊爾達喇達賴喇嘛」尊號。聖，表示超出世間；識一切，在顯宗方面取得最高成就者的稱號；瓦齊爾達喇，意為執金剛，在密宗方面取得最高成就者的稱號；達賴，蒙語為大海；喇嘛，藏語意為上師，這就是達賴喇嘛名號的開端。他也成了第三世達賴喇嘛，而他之前的根敦珠巴（宗喀巴的主要弟子之一）、根敦嘉措則被追認為第一、二世達賴喇嘛。

四世達賴喇嘛雲登嘉措出生於俺答汗貴族之家，當時格魯派在西藏立足未穩，將自己的宗教領袖轉世為蒙古貴族，可使其在與其他教派和地方勢力的角力中依靠蒙古的政治和軍事力量，擴大影響。公元一五九二年，他被確認為索南嘉措的轉世靈童，迎回西藏並於一五九三年在熱振寺坐床。

五世達賴喇嘛阿旺羅桑嘉措在和碩特部首領固始汗的支持下，建立起甘丹頗章政權，成為西藏至高無上的宗教和政治領袖。公元一六五二年，清朝建立不久，五世達賴喇嘛動身到北京朝覲，清世祖順治帝正式冊封他為「西天大善自在佛所領天下釋教普通瓦赤喇呾喇達賴喇嘛」，並

三〇・三

三〇・四

勅封第十一輩達賴喇嘛文冊

奉
天承運
皇帝制曰咨爾達賴喇嘛朕撫臨寰宇敷錫兆民期
一道以同風冀九垓之徧德亦賴洪宣梵義普結
善緣導引羣生同登勝果其有能通上乘繼闡正
宗俾諸部愚蒙悉資開悟者宜加懋獎允沛寵封
茲以爾慧性深沉經文諳習既着靈蹤於齠歲益
堅戒律於壯年承襲以來皈依者衆朕甚嘉之特
依前輩達賴喇嘛之例封爾為西天大善自在佛
所領天下釋教普通瓦赤拉呾喇達賴喇嘛改受
金冊爾尚振修黃教主持烏斯本剎濟以佑民迓
庥祥而護國所有圖伯特事務其悉依例董率噶
布倫等妥協商辦報明駐藏大臣轉奏俾圖伯特
闔境延釐衆生蒙福彌勤啟迪用副綏懷茲隨冊
賚往銀滿達一鍍金銀茶桶一鍍金銀執壺一銀
鍾一珊瑚朝珠一綉蟒袍面一黃龍緞靠背坐褥
各一大小哈達五十五色哈達十黃緞九紅緞九
漳絨九玻璃器十磁器十爾其敬承以光我國家
億萬年無疆之休命欽哉
道光二十一年歲在辛丑八月吉日

賜金冊金印。從此，達賴喇嘛的封號及其在西藏的宗教地位，得到了中央政府的承認和確立，並形成歷輩達賴必經中央政府批准冊封的定制。

達賴喇嘛世系目前已轉十四世，除上述外，分別為六世倉央嘉措，七世格桑嘉措，八世強白嘉措，九世隆朵嘉措，十世楚臣嘉措，十一世凱珠嘉措，十二世成烈嘉措，十三世土登嘉措和現在在世的十四世丹增嘉措。

三〇・五

三〇・六

三〇・一（前頁） 清代藏族地區略圖（參見《中國歷史地圖集》一九九二年版）

三〇・二（前頁） 歷世達賴喇嘛世系表（參見《西藏通史——松石寶串》一九九六年版）

三〇・三 哲蚌寺甘丹頗章宮（兜率天宮），曾經是二世至五世達賴喇嘛的駐錫地，後來成為西藏地方政府的代號。（陳宗烈攝於一九八七年）

三〇・四 清宣宗敕封十一世達賴喇嘛的金冊。（《中國西藏》雜誌社資料室提供）

三〇・五 達賴喇嘛是格魯派最大的轉世活佛體系，始於十六世紀中葉。達賴，蒙語，意為大海；喇嘛，意為上師。傳承至今已有十四世。圖為被追認為第一世達賴喇嘛的根敦珠巴的塑像，供於哲蚌寺。（陳宗烈攝於一九五七年）

三〇・六 六世達賴喇嘛倉央嘉措（公元一六八三——一七〇六年），出生在西藏門隅之宇松地方。他又是才華洋溢的詩人，所創作的情歌膾炙人口，至今仍在西藏各地廣為流傳。圖為六世達賴喇嘛塑像，現供於布達拉宮。（陳宗烈攝於一九五七年）

31

班禪活佛轉世系統

班禪額爾德尼，是格魯派最大活佛之一，也是藏傳佛教最大轉世活佛系統之一，被認為是無量光佛的化身。至於達賴、班禪兩位活佛，佛位沒有高下之分。但就政治權力而言，過去達賴應該更高些，他主管全藏事務，而班禪只管理後藏地區。

班禪這一稱號最早來自和碩特蒙古首領固始汗(公元一五八二——一六五四年)。公元一六四二年，固始汗率兵進藏，消滅了格魯派的敵對勢力藏巴第悉政權，將西藏十三萬戶奉獻給五世達賴喇嘛，一六四五年贈扎什倫布寺寺主羅桑曲杰(公元一五六七——一六六二年)以「班禪博克多」的稱號，並劃後藏部分宗谿歸他管轄。

三一・一

三一・二

世次	名字	出生地	生年	卒年	享年	備注
一世	克珠杰	後藏拉堆	明洪武十八年(公元1385年)	明正統三年(公元1438年？)	53	
二世	索南確朗	後藏萬薩	明正統四年(公元1439年)	明弘治十八年(公元1505年)	66	
三世	羅桑丹珠	後藏羅奎	明弘治十八年(公元1505年)	明嘉靖四十五年(公元1566年)	61	
四世	羅桑曲杰	連楚白瓦	明隆慶元年(公元1567年)	清康熙元年(公元1662年)	95	
五世	羅桑益西	南木林托杰	清康熙二年(公元1663年)	清乾隆二年(公元1737年)	74	清朝康熙五十二年冊封為「班禪額爾德尼」，賜冊印。「班禪額爾德尼」的稱號從此開始。
六世	巴丹益西	南木林扎喜則	清乾隆三年(公元1738年)	清乾隆四十五年(公元1780年)	42	
七世	丹白尼瑪	後藏白朗嘎東	清乾隆四十七年(公元1782年)	清咸豐四年(公元1854年)	72	道光二十四年(公元1844年)奉旨商上事務着照議准令班禪額爾德尼暫行兼管。
八世	丹白旺修	後藏南木林	清咸豐五年(公元1855年)	清光緒八年(公元1882年)	27	
九世	曲吉尼瑪	前藏朗縣	清光緒九年(公元1883年)	民國廿六年(公元1937年)	54	公元1931年7月1日國民黨政府正式冊封班禪為護國宣化廣慧圓覺大師。
十世	確吉堅贊	青海循化	民國廿七年(公元1938年)	公元1989年	51	公元1949年6月3日國民政府頒佈命令：「青海靈童宮保慈丹，慧性澄圓，靈異夙著……應即免於掣籤，特准繼任為第十世班禪額爾德尼。」並派人主持了班禪坐床典禮。
十一世	確吉杰布	西藏嘉黎縣	公元1990年			

班，是梵文班智達即學者的略稱；禪，藏語意為大；博克多，或譯博克達，蒙古語，聖者之意，是對睿智英武人物的尊稱，合起來就是「英武的大學者」，這就是班禪活佛系統稱號的最早由來，他成了四世班禪。於是按照習慣，追認宗喀巴大弟子克珠杰為一世班禪，安貢寺寺主索南確朗為二世班禪，羅桑丹珠為三世班禪。

五世班禪羅桑益西時期，西藏地方各派勢力紛爭不已，五世班禪在悉心勸誡的同時，堅持不懈地傳承和弘揚教法，先後擔任過第六、七世達賴喇嘛的老師，收徒三萬餘眾，給約一萬四千人授了沙彌戒，給一萬三千多人授比丘戒。康熙帝曾五次邀他進京，都因種種原因未能成行。公元一七一三年，清王朝派欽差到扎什倫布寺，照封達賴喇嘛之例，封他為「班禪額爾德尼」（當時的金印印文為「班臣（禪）額爾德尼」），並賜金冊金印。班禪，是精通佛學大小五明的大學者；額爾德尼，滿語，寶貝的意思。從此，班禪額爾德尼的封號成為班禪活佛轉世體系的正式稱謂，它標誌着班禪活佛轉世體系在宗教上和政治上取得了與達賴喇嘛轉世體系相等的地位。

目前班禪活佛轉世世系已轉十一世，除上述外，分別為六世班禪巴丹益西，七世班禪丹白尼瑪，八世班禪丹白旺修，九世班禪曲吉尼瑪，十世班禪確吉堅贊，十一世確吉杰布。

三一·三

三一·四

三一·一 六世班禪巴丹益西（公元一七三八—一七八〇年），一生為護國弘法作出了巨大貢獻，公元一七七九年進京為乾隆皇帝祝壽，不幸圓寂於北京西黃寺。圖為懸掛在扎什倫布寺的六世班禪唐卡畫像。（陳宗烈攝於一九五七年）

三一·二 班禪額爾德尼世系表（參見《西藏通史——松石寶串》一九九六年版）

三一·三 班禪是藏傳佛教格魯派僅次於達賴的活佛轉世系統，傳承至今已歷十一輩。圖為班禪活佛系統駐錫地——西藏第二大城市日喀則，山上為酷似拉薩布達拉宮的日喀則城堡。該城堡現已倒塌。（陳宗烈攝於一九五七年）

三一·四 公元一七一三年，清朝康熙皇帝「照封達賴之例」，封五世班禪為班禪額爾德尼，賜金冊、金印，從此歷輩班禪活佛轉世，必經中央政府冊封。圖為清朝中央封給五世班禪的金印及印文。（陳宗烈攝）

三一・五

三一・六

三一・五 清朝皇帝賜給第七世班禪丹白尼瑪的金冊。（陳宗烈攝）

三一・六 乾隆皇帝賜給六世班禪巴丹益西的玉冊，上面刻着漢、滿、藏、蒙四種文字的冊文。（陳宗烈攝）

32

五世達賴喇嘛和甘丹頗章政權

五世達賴喇嘛阿旺羅桑嘉措（公元一六一六－一六八二年），出生在西藏山南瓊結地方頭人之家，六歲時被認定為四世達賴喇嘛雲登嘉措的轉世，拜四世班禪大師羅桑曲杰為師，由格魯派僧眾迎請到拉薩哲蚌寺供養，接着由四世班禪授予沙彌戒和比丘戒。當時統治西藏大部分地區的日喀則藏巴第悉政權仇視和壓制新興的格魯派，於是格魯派開始向外尋找政治上的靠山。他們與游牧新疆、青海的蒙古和碩特部落首領固始汗聯合，在公元一六四二年推翻了藏巴第悉政權，固始汗在日喀則舉行盛大的儀式，將

三二・一

三二・二

三二・一 五世達賴喇嘛（公元一六一六—一六八二年），為格魯派甘丹頗章政權的締造者，在政教兩個方面均有卓越建樹。圖為布達拉宮紅宮西大殿內供奉的五世達賴塑像。（陳宗烈攝於一九五七年）

三二・二 布達拉宮西大殿內的五世達賴喇嘛阿旺羅桑嘉措的肉身金靈塔，極為莊嚴神聖，僅包金就用了黃金十一萬兩，被稱為「世界一大莊嚴」。（陳宗烈攝於一九五七年）

西藏十三萬戶悉數奉獻給五世達賴喇嘛，從此達賴成為西藏的政教首領，建立了歷史上著名的甘丹頗章政權。

甘丹頗章是坐落在哲蚌寺西北角的一座青石宮堡，從二世達賴根敦嘉措開始，一直是歷輩達賴的駐錫地，從這時起這座宮堡成了格魯派政權的代名詞。

公元一六五二年，五世達賴喇嘛應清世祖順治皇帝之請，率領蒙藏僧俗官員侍從三千人到北京朝覲，受到中央王朝的隆重接待和豐厚賞賜；第二年離開北京返藏，順治皇帝封達賴喇嘛為「西天大善自在佛所領天下釋教普通瓦赤喇呾喇達賴喇嘛」，賜滿、漢、蒙、藏四種文字的金冊金印，從此正式確定了達賴喇嘛的封號及其在西藏政教領域的地位。

五世達賴建立甘丹頗章政權後，任命司庫索朗群培為第悉（執政官），與固始汗聯合掌管政治軍事大權，平息了藏巴第悉殘餘勢力及其支持者噶瑪教派的反抗，使整個西藏出現了統一的局面。他命令在拉薩紅山上重建松贊干布時期的布達拉宮，作為甘丹頗章政權的首腦之地；並用順治皇帝所賜的金銀在西藏各地興建大寺十三座，大大增

三二·三

三二·四

三二·五

三二·六

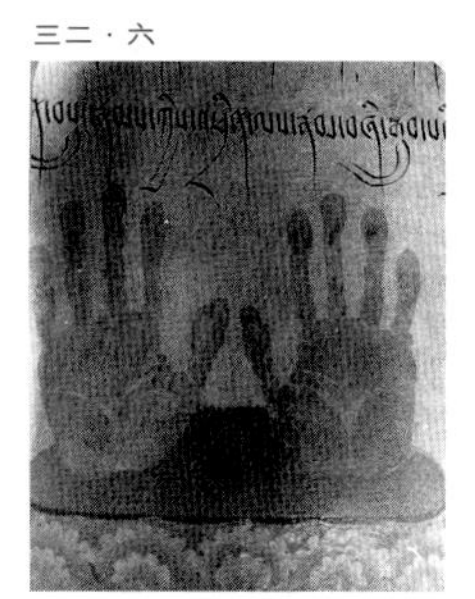

強了格魯派的勢力；他制定和完善了一系列西藏地方政府和寺廟的管理制度，並將阿里和拉達克收歸治下。

五世達賴一生寫下了大量歷史、宗教、文化著作，為西藏文化史作出了重大的貢獻。五世達賴於公元一六八二年（六十六歲時）在布達拉宮圓寂，當時主持政務的第悉桑結嘉措秘不發喪十五年之久。他的肉身用巨大的金塔葬於布達拉宮紅宮之內，稱為「卓木林堅加」，意為「世界一大莊嚴」。

三二・七

三二・三 公元一六五二年，五世達賴喇嘛阿旺羅桑嘉措率領官員侍眾三千人進北京朝覲清順治皇帝。受順治帝的賞賜和冊封，自此達賴喇嘛的稱號及其在西藏的政教領袖地位正式確立。圖為布達拉宮西大殿壁畫中記載的這段歷史。（陳宗烈攝於一九五七年）

三二・四 順治皇帝專門在北京修建了黃寺，供五世達賴在京起居和修習之用。圖為坐落在北京鼓樓北面的黃寺門樓。（陳宗烈攝）

三二・五 圖為五世達賴金印之複製印文，現藏於拉薩羅布林卡宮。

三二・六 布達拉宮白宮門口牆上印有五世達賴手印的文告，宣佈將政教之權交付與攝政王第悉。（陳宗烈攝於一九五七年）

三二・七 布達拉宮分白宮（東）與紅宮（西）兩個部分，白宮為五世達賴於公元一六四五年命其第悉索朗群培主持修建，紅宮為第悉桑結嘉措於一六九〇年主持修建，整項工程前後經歷半個世紀之多。圖為布達拉宮壁畫中紅宮建成的慶典場面。（陳宗烈攝）

33

拉薩：政治和宗教的中心

拉薩意為神佛之地，是西藏歷史名城，吐蕃王朝的西藏首府。薩迦、帕竹、藏巴第悉時期，西藏首府分別設在薩迦、乃東和日喀則。公元十七世紀中葉，甘丹頗章政權建立，西藏首府從日喀則遷移到拉薩，這裡再次成為西藏政治、經濟、宗教、文化中心。五世達賴時期，在紅山之上重修了布達拉宮，八世達賴時期在西郊營建了羅布林卡園林，形成了歷輩達賴喇嘛的冬宮和夏宮。

從五世達賴時期開始，位居拉薩市中心的大昭寺又幾經修葺和擴建，使這座吐蕃時期的兩層神廟成為金頂輝

三三·一

煌、碉房群聚的建築群。環繞大昭寺的八廓街（藏語意為「中圈」），信徒香客轉經朝佛，絡繹不絕。甘丹頗章政權的各種衙署，也在布達拉宮上下、大昭寺及其周圍，其中駐藏大臣府、清朝駐軍的軍營、東郊和西郊的接官亭，在當時的拉薩都佔有非常顯著的地位。達賴喇嘛家族、各地酋長首領、往昔世家貴族，陸續在城區建造豪華堅實的第宅，在近郊營置夏日休閑的林園別墅。自七世達賴喇嘛圓寂（公元一七五七年），清朝中央政府創設攝政制度，歷代攝政活佛開始在拉薩興建丹吉林、策墨林、功德林、錫堆林等家廟，再加上新舊木鹿寺、上下密院、哲蚌寺和色拉寺，拉薩河谷成了寺廟林立、僧尼眾多的宗教聖地。

隨着拉薩政治、宗教地位的鞏固，商業貿易、民族手工業和文化藝術也繁榮起來，數以千計的商人大賈，從西藏各地、雲南、四川、青海、陝西，甚至不丹、尼泊爾、錫金、克什米爾等地雲集拉薩，開設店鋪，經營商貿。因此八廓街又成為拉薩最有名的商業街，沖賽崗、甲奔崗、鐵奔崗、夏莎崗、旺堆辛噶等處，都是拉薩傳統的商貿市場。隨着各地商人、手工業工匠、民間藝人和差民百姓遷

三三・二

三三・三

三三・一 莊嚴雄偉的布達拉宮，聳立於拉薩古城西側，它始建於公元七世紀藏王松贊干布時代，十七世紀五世達賴喇嘛加以重建，自此這裡便成為歷代達賴喇嘛的冬宮。（陳宗烈攝於一九五六年）

三三・二 位於雅魯藏布江支流吉曲河中游的拉薩古城，從公元七世紀中葉開始便是吐蕃王朝的都城；十五世紀前期成為藏傳佛教格魯派（黃教）基地；十七世紀中期格魯派取得政權，這裡再次成為政治、宗教、經濟、文化的中心。圖為十八世紀末藏族畫師繪製的拉薩全圖。（宋兆麟提供）

三三・三 布達拉宮下的古建築群，直至本世紀五十年代，這裡還保留着原來的風貌。（陳宗烈攝於一九五六年）

三三・四（後頁） 每年有成千上萬信徒、香客到拉薩朝拜，圖為虔誠的佛教徒在大昭寺前面的石板地上磕頭。（陳宗烈攝於一九五八年）

三三・五（後頁） 八廓街是拉薩最有名的商業街。圖為八廓街的藏文書市，專門出售西藏各種歷史、宗教、戲曲和民間說唱書籍。（陳宗烈攝於一九五六年）

三三・六（後頁） 拉薩是藏族文化藝術的匯聚之地，圖為民間藝人在街頭說唱《拉瑪麻尼寶卷》，也就是宗教故事和歷史傳說。（陳宗烈攝於一九五六年）

居拉薩的人越來越多，這座城市開始形成許多具有地方特色的居民區，如小昭寺周圍是藏北人聚居區，八廓街有不少尼泊爾商人聚居，東城清真寺周圍是回民聚居區等等。

據嘉慶年間《重修大清一統志》記載，當時拉薩有居民五千戶，約為二萬五千人，加上各寺廟的僧尼，總人口約為三萬七千人左右。

三三・四

三三・五

三三・六

34

世襲貴族和上層僧侶

西藏地方政府主要由貴族和僧侶掌握。史料記載西藏有世襲貴族一百七十五家，其中大貴族二十五家左右。歷代達賴家庭稱為堯西，他們在政教兩界中均具有重要地位，例如桑頗是七世達賴家族、拉魯是八世達賴家族、宇托是十世達賴家族、平康是十一世達賴家族等等。吐蕃王臣的後裔和西藏各地的第本（酋長），都是古代傳承下來的旺族，例如山南拉加里家族，相傳是吐蕃贊普的後嗣；尼木吞巴家族，為吐蕃名臣、藏文創製者吞米·桑布扎的後人；工布地區的阿沛家族，被認為溯源於工杰噶波王；拉薩貴族江洛金，傳承於十八世紀赫赫有名的郡王頗羅鼐；江孜噶西多仁家

三四·一

三四·二

三四·一 直至本世紀五十年代為止，西藏一直是貴族僧侶聯合進行政教合一的統治。西藏地方政府以及各級政府官員，都是由上層僧侶和世襲貴族擔任的。圖為西藏地方政府的貴族官員們（自左至右）：貴族夏蘇、僧官洛桑扎西和柳霞·土登塔巴等。（陳宗烈攝於一九五六年）

三四·二 西藏的貴族們在一起喝茶，商討政教事務。（陳宗烈攝於一九五六年）

三四·三（後頁） 公元十三至十四世紀，薩迦教派統治西藏，薩迦法王曾是西藏政教的主宰，被元朝皇帝封為大元帝師。圖為一九五七年剛剛繼位的薩迦法王阿旺·貢噶索朗（中，年方十三歲）。（陳宗烈攝）

族，與七世達賴時期的首席噶倫貝子康濟鼐有着淵源關係。此外，還有索康、夏扎、察絨、帕拉、赤門、雪康等都屬於大中貴族之列。

這些掌權的貴族中間有不少人物曾得到清朝皇帝的封贈，領有公、台吉、扎薩的頭銜，並佩戴皇帝賞賜的花翎頂戴。他們在拉薩有高大的第宅和美麗的園林，並擁有多處莊園和牧場，西藏地方政府中最重要的職位，例如倫欽（首席大臣）、噶倫（大臣）等，大都由這些家族的成員出任。他們的子婿稱為色朗巴，有着相當於四品官的地位。

大喇嘛和大活佛在西藏政教事業中具有極大的權威和影響力。達賴和班禪是格魯派兩個最大的活佛系統，也是政教合一的首領。比達賴、班禪地位略低的是杰楚呼圖克圖，即可以代理達賴喇嘛的大活佛，他們之中有德穆活佛、熱振活佛、功德林活佛、策墨林活佛、德珠活佛等。甘丹赤巴（甘丹寺法台）是宗喀巴法座的繼承者，也可以說是格魯派的總住持。西藏地方政府中有一個僧官體系，據說也是一百七十五人。職位最高的是噶倫喇嘛，其次是基巧堪布（布達拉宮總住持），再其次是仲譯青波（管理宗教事務的秘書長），他們之中不少人被清朝中央封為扎薩克大喇嘛。

三四・三

35

莊園制度的興衰

從公元十三世紀開始實施的莊園制度，經過帕木竹巴政權歷代第悉（執政官）的倡導與推動，到公元十八世紀前後甘丹頗章政權時期，已日臻完善和成熟，當時雅魯藏布江流域、拉薩河和年楚河兩岸，遍佈着數以千計的領主莊園。莊園是最基層的封建農奴制政權，也是組織和管理生產的單位，所有的莊園都分別屬於官府（藏語稱「雄谿」）、寺廟（藏語稱「曲谿」）和貴族世家（藏語稱「結谿」）。官府莊園由政府派低級官員管理，寺廟莊園由寺廟派僧職人員管理，貴族莊園由貴族派出親屬或親信管理，

三五・一

三五・一 莊園（谿卡）是西藏封建農奴制度的基層經濟組織，也是基層政權組織。所有莊園分屬寺廟、貴族和官府三大領主。圖為坐落在雅魯藏布江邊的山南扎朗縣境內的世襲貴族朗色林莊園遺址。（陳宗烈攝於一九八七年）

也有少數貴族親自掌管莊園。

莊園的形式略似自然村落，村中巨石壘成兩或三層的碉樓居住着莊園主或他們的代理人，周圍低矮陰暗的泥土小屋為農奴們的「差房」。莊園的土地分成自營地和份地兩種，自營地由莊園直接經營，份地則分給稱為差巴的農奴們耕種，差巴按份地的多少支付勞務和實物兩種差役。莊園裡的百姓除差巴外還有「堆窮」和「朗生」兩種，「堆窮」，意為小戶，他們沒有份地可耕，靠打短工或從事手工業維持生計，有的租種小塊田地；而「朗生」即為奴隸，在莊園裡從事餵養牲畜、磨糌粑、織氆氌以及伺候主人的勞動。

農奴有一塊小小的份地，同時還有自己的家庭以及少量生產工具。農奴和他們的份地，都是屬於領主的，他們與領主有着人身依附關係，不能隨意離開。他們只能在同一領主的屬民中嫁娶，如果與其他領主的屬民通婚，必須得到領主的批准。嫁娶之後，男女雙方和所生子女仍然屬於原有領主。領主還可以將所屬農奴互相交換、贈送，甚至出賣。他們的生產工具非常原始，用二牛抬槓的方式拉

三五·二

三五·三

三五·四

三五·五

三五·二 農奴們用二牛抬槓的原始耕作方式耕地，這種方式在西藏已有近兩千年的歷史。（陳宗烈攝於一九五七年）

三五·三 除了擁有小小的份地外，農奴對領主和地方政府均需按份地的多少支付勞務和實物兩種差役。圖為拉薩近郊莊園的農奴們在進行無償勞役——秋收時背運青稞。（陳宗烈攝於一九五七年）

三五·四 山南凱松莊園，大貴族索康·旺清格勒的農奴們在打場。（陳宗烈攝於一九五七年）

三五·五 圖為民主改革前，西藏日喀則地區的景隆莊園，農奴們席地而坐，手抓糌粑進食晚餐的情形。（陳宗烈攝於一九五七年）

三五·六 農奴們擔負着極為繁重的勞動，而生活又是非常貧窮，當他們到了老年失去勞動能力時更是如此。（陳宗烈攝於一九五六年）

三五·七 拉薩以東墨竹工卡縣境內的甲瑪蘇康莊園，是貴族霍康的世襲領地，而在更早的時期，這裡是甲瑪萬戶的轄地。（陳宗烈攝於一九五七年）

着木犁或鐵包木犁耕地，用牦牛和騾馬踩場，生產技術落後，一般土地只能收回種子的四、五倍，較好的也只能收回種子的七、八倍。這樣低微的產量，加上雹災、旱災、蟲災不斷，「內差」（所屬領主的差役）、「外差」（地方政府的差役）和高利貸日復一日、年復一年的加重，許多農奴不堪重負，生活困苦，甚至四處逃亡，莊園制度從此走向衰敗和沒落。

三五・六

三五・七

36

西藏手工業行會

從公元一六四五年到一六九三年的四十八年間，拉薩進行了重修布達拉白宮和新修布達拉紅宮的繁浩工程，當時從西藏各地宗（相當於縣）、谿（莊園）徵調了數以萬計的能工巧匠和普通民伕。據《五世達賴金塔目錄》記載，修築紅宮時每天進入工地的多達七千七百餘人。此外，還有康熙帝派來的漢族工匠一百一十四人，尼泊爾金銅匠一百九十人等。紅宮落成後，第悉（執政官）桑杰嘉措將部分能工巧匠留居拉薩，組織行會進行統一管理和傳授技藝，便於為政府、寺廟以及貴族世家支差服役，這就是拉薩手工業行會的緣起。

三六・一

三六・一 牧區婦女用牦牛毛織成毛織物，然後拼成牛毛帳篷。（旺久攝於一九八三年）

三六・二 西藏地方政府對各種手工業分行管理，不同手工業匠師也組織類似行會的「吉都」團體，以完成西藏地方政府的差役和維持、協調自身利益。圖為布達拉宮下「雪堆白」（管理五金匠師機構）工匠們在勞動，攝於本世紀初。（《中國西藏》雜誌社資料室提供）

三六・三 拉薩東城鐵奔崗的鐵匠們在打製農具，以供應給附近的農村。（陳宗烈攝於一九五九年）

七世達賴喇嘛（公元一七〇八－一七五七年）掌政時期，在布達拉宮下面正式建立五金作坊，稱為「雪堆白」，主要加工製作神佛造像和各類宗教法器。「雪堆白」後來成為西藏地方政府管理五金工匠的機構，也是某種形式的五金工匠行會。行會由兩名六品僧官主管其事，正副工頭（藏語稱仲倒）按規定也能享有六品或七品官員待遇。他們下面則為烏欽（大師傅）、烏瓊（副師傅）、普工、學徒工。成員規定為一百零八人，包括浮雕工、煅打工、鑄製工、塑像師、畫師、金匠、銀匠、銅匠、鐵匠、木匠等。

拉薩的畫師行會名叫「索瓊哇」，會址設在大昭寺南側一座名叫「西熱」的院子裡，最早規定畫師二十五人，後來發展到一百六十餘人。木石匠行會叫「多辛吉度」，會址設在拉薩北城的桑頂大院。在西藏各地手工匠集中的地方，也有類似的行會存在，例如山南朗杰雪鎮有織氆氌的行會，江孜鎮有編織卡墊的行會等。

每個行會都有自己的行規行法，規定行會成員不能隨意出走，有事必須向烏欽（大師傅）請假，勞作時不得大聲喧嘩；如果出外做工，每天向行會交付藏銀四両的費用；打架毆鬥，

三六・二

三六・三

輕者罰款，重者鞭笞甚至開除等等。行會可以設庭判案，處理行會成員內部或與外部的糾紛，行會有一定的公積金，對死者給予一定撫恤。同時每年春秋組織兩次同樂活動，清理帳目，安排勞務，喝酒歌舞，盡情歡樂。數百年間，從拉薩手工業行會中間湧現過不少一代宗師，他們的傳世之作，或供奉於西藏各地宮殿和寺廟，或珍藏在北京故宮，而民間收藏者也為數甚多。

三六・四

三六・五

三六・六

三六・四 製陶是西藏最古老的手工業，這種手工業主要集中在墨竹工卡、扎朗等地。圖為南木林縣製陶匠在燒製茶壺、火缽。（陳宗烈攝於一九五六年）

三六・五 木碗是藏人離不開的生活用品，一般是用樺樹、杜鵑花樹的樹根、樹節、樹疙瘩刮製或車削而成。圖為喜瑪拉雅山區的老人正在精製木碗。（《中國西藏》雜誌社資料室提供）

三六・六 日喀則婦女在編織巨大的地毯，這是西藏最具特色的手工業產品。（陳宗烈攝於一九五八年）

37

拉薩傳召大法會和其他宗教節日

甘丹頗章政權建立後，拉薩各種宗教節日活動更加隆重和完善。傳召大法會是藏傳佛教格魯派祖師宗喀巴於公元一四〇九年創立的，到了五世達賴時期規模更大，參加人數更多，時間也由十五天延長到二十四天。每年從藏曆正月初四開始，數以萬計的黃教僧人便會雲集拉薩大昭寺，每天進行六次大規模的誦經祈禱活動。達賴喇嘛如已親政，照例出席法會宣講釋迦牟尼本生經。甘丹赤巴（甘丹寺法台）主持辯經大會，每天公開考核一名拉讓巴格西（佛學學位）。

三七・一

三七・一 傳召大法會每天誦經六次，祈願眾生幸福，境域安寧，佛法昌隆。圖為大昭寺南側松曲拉廣場上法會「翁則」（總領腔師）主持誦經的情形。（陳宗烈攝於一九五七年）

正月十五日元宵之夜是傳召大會的高潮，大昭寺周圍鱗次櫛比排列着數層樓高的酥油彩塑，下面用千百盞酥油燈照耀，彩光流溢，蔚為壯觀。屆時達賴喇嘛、駐藏大臣在僧俗官員陪同下進場觀燈，並以天之陰晴雨雪及燈焰之色，占一年吉凶禍福，農牧豐歉。正月二十四日，稱「魯布倒加」，密教高僧在大昭寺西面魯布廣場舉行驅邪送鬼儀式；二十五日稱「強巴登珍」，僧人簇擁大昭寺強巴（彌勒）佛像繞八廓街一周，意味着傳召大會圓滿結束，未來佛強巴巡行雪域，光照人寰。

藏曆二月拉薩照例舉行措曲節，俗稱「傳小召」，最早是為超度五世達賴圓寂而倡立，原為七天，後七世達賴喇嘛追念康熙皇帝逝世，又增加三天。同樣僧人要集中於大昭寺誦經祈禱，通過公開答辯考核磋讓巴格西。藏曆二月二十九日送鬼，由兩名社會地位低賤的人裝扮成鬼魅，在成千上萬僧俗人眾的吶喊、詛咒聲中被趕出拉薩城，分別送往山南桑耶寺和拉薩以北的澎波娘龍扎地方。三十日布達拉宮懸掛大佛，僧人裝扮成極樂世界諸神巡遊拉薩，歡慶五世達賴靈魂升入極樂淨土。

三七・二

此外，拉薩的其他宗教節日不勝枚舉。例如藏曆四月十五日是紀念佛祖誕生、成道和涅槃的薩噶達瓦節；藏曆五月十五日是卓林吉桑（世界煙祭）節；藏曆六月初四是紀念佛祖初轉法輪的珠巴次西節；而藏曆九月二十三日的拉帕節是佛祖從天上重返人間的日子；藏曆十月二十五日的甘丹阿曲節是追念宗喀巴大師的忌辰；藏曆臘月二十九日的古多（破九）節是家家戶戶送鬼驅邪，迎接新的一年的到來。

三七·三

三七·二 法會鐵棒喇嘛（持棒者），是整個傳召大法會的法紀維護者，按慣例由哲蚌寺僧人出任。（張鷹攝於一九八六年）

三七·三 傳小召最後一天（藏曆二月三十日），上千官員和僧侶手持各種儀仗和珍寶，在古城巡遊，稱為「亮寶會」。圖為亮寶會場景。（陳宗烈攝於一九五七年）

三七·四（後頁） 一年一度的傳召大法會，是拉薩最為盛大的宗教節日，每年藏曆正月初四到二十五日在拉薩大昭寺舉行，屆時來自色拉、哲蚌、甘丹三大寺數以萬計的喇嘛雲集於此，誦經祈禱。（陳宗烈攝於一九五七年）

三七・五

三七・五
西藏各地區、各寺廟都有自己的宗教節日。每年藏曆七月，扎什倫布寺的西莫青波節，是日喀則最大的宗教節日，扎寺僧人將連續三天表演金剛神舞。圖為西莫青波節神舞表演場面。（張鷹攝於一九八六年）

三七・六
藏曆四月十五日，是傳統的薩噶達瓦節，紀念釋迦牟尼誕生、得道和成佛。圖為拉薩僧俗在龍王潭碧波中划牛皮船歡度節日。（陳宗烈攝於一九五七年）

三七・七
薩迦寺在六百年前曾經是西藏政教合一的統治中心，故這裡的宗教節日特別多，其中以夏季大法會和冬季大法會最為盛大。圖為薩迦夏季大法會上，僧人在跳天葬場守護神舞。（張鷹攝於一九九五年）

三七・六

三七・七

38

平定準噶爾部之亂

準噶爾為厄魯特蒙古四部之一，原遊牧於新疆伊犁一帶。清康熙十五年（公元一六七六年），其部首領巴圖爾洪台吉的兒子噶爾丹篡奪汗位，並得到五世達賴的支持，贈給他「博碩克圖汗」的稱號；他曾派使者到北京，向清朝皇帝進貢，因此得到過清朝中央政權的封賞。

五世達賴圓寂（公元一六八二年）後，主管西藏政教事務的第悉（執政）桑結嘉措一面「秘不發喪」，一面與噶爾丹勾結，唆使其出兵侵佔漠北蒙古，又侵入漠南蒙古，破壞清朝政權的統一。於是清廷兩次出兵，消滅了入侵的準噶爾部，噶爾

三八・一

三八・二

丹敗歸後為其侄策旺阿拉布坦所殺。公元一七一七年，策旺阿拉布坦令其大將策淩敦多布率精兵六千，以送拉藏汗（固始汗之曾孫）之子夫妻二人入藏為由，取道新疆葉爾羌到達西藏阿里地區，直逼拉薩。拉藏汗一面倉促集合達木蒙古和衛藏民兵應戰，一面急請五世班禪和三大寺代表出面調解。班禪等反覆調解無效，同年十月二十九日準噶爾兵攻陷拉薩，拉藏汗在突圍中戰死，策淩敦多布囚禁新立達賴伊喜嘉措（拉藏汗與其第悉隆素於公元一七〇七年所立「六世達賴」，駐布達拉宮達十一年之久，但藏族人認為他是假達賴，始終未予承認。）於藥王山上，並委達孜．拉杰繞登為第悉，從而結束了固始汗及其子孫對西藏地區長達七十五年(公元一六四二－一七一七年)的控制。清廷先後於一七一八年和一七二〇年兩次派兵入藏，在西藏地方首領的支持配合下，於一七二〇年八月驅逐侵藏的準噶爾軍，收復拉薩。

準噶爾部之亂平定後，幾代清帝汲取了過去的經驗教訓，對西藏的治理實施了一連串的改革措施。

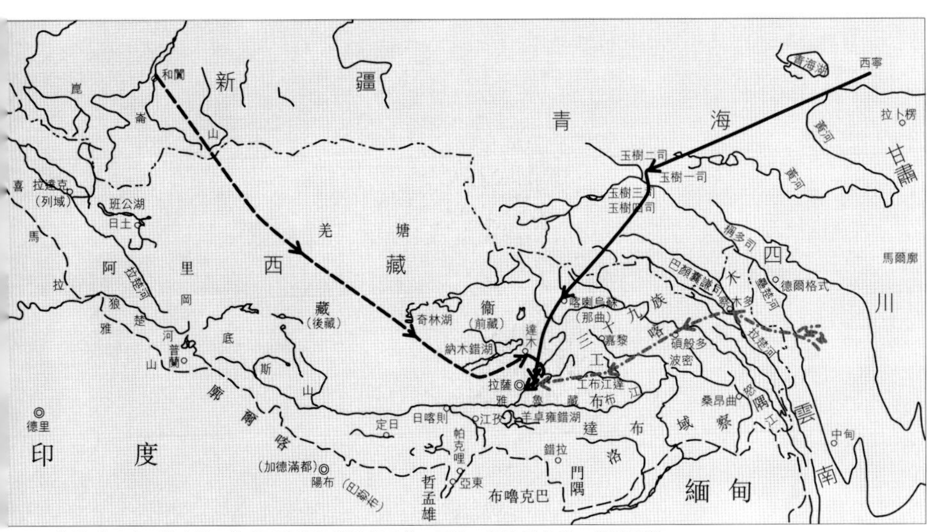

：━ ━ 為準噶爾兵入侵路線，準噶爾兵從伊犁經葉爾羌、阿里、那倉到當雄，直撲拉薩。
━━北線為平逆將軍延信率兵護送七世達賴喇嘛進藏；撫遠大將軍、康熙十四子允禵親送過通天河。
━·━南線為定西將軍噶爾弼率兵從四川打箭爐和昌都直抵拉薩。）

三八．三

三八．四

三八·一 公元一七一七年，新疆準噶爾蒙古部侵入西藏，殺害拉藏汗及高僧活佛多人，平民百姓也慘遭蹂躪。一七二〇年康熙皇帝派兵三路入藏，準噶爾部逃回新疆。清廷刻石立碑於布達拉宮前，昭示驅逐準噶爾人的歷程，碑文為康熙皇帝親自撰寫，碑名《御製平定西藏碑》，原立於布達拉宮前，一九六九年遷至龍王潭，一九九五年又遷回布達拉宮前廣場。圖為《御製平定西藏碑》碑亭，另一碑亭為《十全記功碑》。（張鷹攝於一九九六年）

三八·二 矗立在布達拉宮前的《平定西藏碑》碑亭（張鷹攝於一九九六年）

三八·三 平定準噶爾之亂路線示意圖

三八·四 圖為為紀念公元一七二〇年清康熙帝平定準噶爾擾藏而立的記功碑，碑文為康熙皇帝於康熙六十年（公元一七二一年）親撰。（陳宗烈提供）

39

七世達賴喇嘛掌管西藏政教大權

七世達賴格桑嘉措（公元一七〇八——七五七年），四川理塘人，十二歲時被康熙冊封為達賴喇嘛，並加封「宏法覺眾」封號，公元一七二〇年在布達拉宮坐床，一七五一年親政。

平定準噶爾部之亂後，康熙總結前朝對西藏施政經驗，採取了一些善後措施：將拉藏汗所立之伊喜嘉措解往北京，準噶爾所委任的第悉（執政）達孜·拉杰繞登予以革職，另派拉藏汗的舊臣康濟鼐總理全藏政務，又封阿爾布巴、隆布鼐、頗羅鼐、扎爾鼐等四人為「噶倫」（大臣），協助藏王處理日常政務，並分別授予貝子、公、台吉等爵位。

三九·一

三九·二

三九·三

三九·一 七世達賴喇嘛格桑嘉措（公元一七〇八——七五七年），四川理塘人，一七二〇年在布達拉宮坐床。公元一七五〇年，郡王珠爾墨特那木札勒被誅殺，翌年清乾隆帝頒行《酌定西藏善後章程》十三條，廢除郡王掌權制，改授七世達賴喇嘛掌權，是為格魯派政教合一之始。圖為拉薩布達拉宮供奉的七世達賴喇嘛像。（陳宗烈攝於一九五六年）

三九·二 七世達賴晚年身患腿疾，曾在醫師的陪同下到拉薩西郊一處水泉用涼水醫治。從此該處形成羅布林卡園林，日後更成為歷輩達賴的夏宮。圖為羅布林卡中的湖心亭。（陳宗烈攝於一九五六年）

三九·三 拉薩羅布林卡正門（陳宗烈攝於一九五六年）

公元一七二七年，噶倫內部發生分裂，貝子康濟鼐被殺害，台吉頗羅鼐集合後藏和阿里兵力將內亂平息，被雍正封為「貝子」，總理西藏一切政教事務。頗羅鼐治藏十九年，成功地杜絕了準噶爾蒙古部落對西藏的侵擾，妥善處理了西藏與其鄰邦不丹、尼泊爾的關係，被封為郡王。他臨死前（公元一七四七年）令其子珠爾墨特那木札勒襲為郡王，但他密謀反叛。一七五〇年，駐藏大臣傅清和拉不敦密商後把他誘入駐藏大臣衙門，將其殺死。後其追隨者聚眾殺害了兩位駐藏大臣和士兵百餘人。

叛亂發生後，七世達賴喇嘛命多仁班智達代理總管西藏政教事務，並將殺害駐藏大臣的兇手捕獲。乾隆先後派副都統班第和四川總督策楞入藏，處理善後事宜。公元一七五一年提出《酌定西藏善後章程》十三條，經乾隆帝批准頒行。這是清朝政府整頓西藏事務的第一個比較系統的重要文獻。從此清廷廢除了郡王掌權的制度，授予七世達賴喇嘛掌握西藏地方政權的權力，是為格魯派政教合一政權之開端。

七世達賴奉旨執掌西藏政教權力後，任命三俗一僧四位侍從噶倫，協助辦理藏政，並新建西藏地方政府的主要機構——噶廈。

三九・四

三九・五

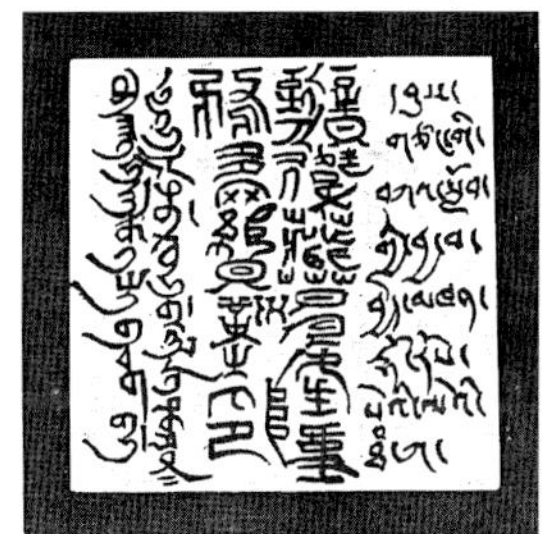

三九・六

三九・四 郡王頗羅鼐（公元一六八九——一七四七年），是七世達賴時期的西藏政治首領，治理西藏政務十九年，使西藏社會穩定、經濟發展。頗羅鼐死後，襲其位的兒子密謀反叛，終使郡王的權位改由七世達賴掌握。圖為色拉寺壁畫中的頗羅鼐像。（轉拍自《色拉大乘洲》畫冊》一九九五年版）

三九・五 清廷封七世達賴喇嘛的金印，任命他總管西藏的政教事務。（陳宗烈攝於一九五七年）

三九・六 頗羅鼐原為西藏一小貴族，公元一七〇五年（康熙四十四年），為拉藏汗手下官員。公元一七二〇年，清軍驅逐準噶爾軍出西藏，後任孜本（財政官）。公元一七二三年（雍正元年），被封為台吉，升任噶倫。五年後平息阿爾布巴之亂有功，清廷命其總理西藏事務，後封為貝子。公元一七三一年（雍正九年），封為貝勒；公元一七三九年（乾隆四年），晉封為郡王。圖為頗羅鼐多羅貝勒銀印印文。（轉拍自《西藏歷代藏印》一九九一年版）

40

駐藏大臣的派駐和噶廈政府

清雍正二年（公元一七二四年），朝廷平定羅卜藏丹津之亂於青海，四年（公元一七二六年）議准設立駐藏大臣二人，常川駐藏。以後又根據副都統宗室鄂齊赴藏奏報，以藏政不和，於五年（公元一七二七年）五月正式派遣僧格、瑪腊為駐藏大臣赴藏辦事，並設立駐藏大臣衙門，其目的是把處理藏政的大權交由欽差大臣直接掌管，以加強對西藏地方的施政，行使中央朝廷的管轄權。此後，在《西藏善後章程十三條》和《欽定藏內善後章程》中又正式規定，在西藏設立駐藏正副大臣二人，每任任期三年，會同達賴、班禪總辦西藏事務；噶倫（大臣）以下係其屬員。

姓名	任期
僧格、瑪腊	雍正五－八年（公元 1727 － 1730 年）
青保、瑪腊	雍正八－九年（公元 1730 － 1731 年）
青保、苗壽	雍正九－十二年（公元 1731 － 1734 年）
青保、阿爾瑪	雍正十二年（公元 1734 年）
那蘇泰	雍正十二－十三年（公元 1734 － 1735 年）
杭一祿	乾隆元－三年（公元 1736 － 1738 年）
紀山	乾隆三－六年（公元 1738 － 1741 年）
索拜	乾隆六－九年（公元 1741 － 1744 年）
傅清	乾隆九－十三年（公元 1744 － 1748 年）
拉不敦	乾隆十三－十四年（公元 1748 － 1749 年）
紀山	乾隆十四年（公元 1749 年）
拉不敦	乾隆十四－十五年（公元 1749 － 1750 年）
班第	乾隆十五－十六年（公元 1750 － 1751 年）
多爾濟	乾隆十六－十九年（公元 1751 － 1754 年）
薩拉善	乾隆十九－二十二年（公元 1754 － 1757 年）
宮保	乾隆二十二－二十五年（公元 1757 － 1760 年）
輔鼐	乾隆二十六－二十八年（公元 1761 － 1763 年）
阿敏爾圖	乾隆二十九－三十一年（公元 1764 － 1766 年）
宮保	乾隆三十一年（公元 1766 年）
莽克賚	乾隆三十二－三十八年（公元 1767 － 1773 年）
伍彌泰	乾隆三十八－四十年（公元 1773 － 1775 年）
留保柱	乾隆四十－四十三年（公元 1775 － 1778 年）
索琳	乾隆四十四－四十五年（公元 1779 － 1780 年）
保泰	乾隆四十五年（公元 1780 年）
博清額	乾隆四十六－四十九年（公元 1781 － 1784 年）
留保柱	乾隆四十九－五十一年（公元 1784 － 1786 年）
慶麟	乾隆五十一－五十二年（公元 1786 － 1787 年）
舒廉	乾隆五十二－五十五年（公元 1787 － 1790 年）
普福	乾隆五十五年（公元 1790 年）
保泰	乾隆五十五－五十六年（公元 1790 － 1791 年）
奎林	乾隆五十六年（公元 1791 年）
鄂輝	乾隆五十七－五十八年（公元 1792 － 1793 年）
和琳	乾隆五十八－五十九年（公元 1793 － 1794 年）
松筠	乾隆五十九年－嘉慶三年（公元 1794 － 1798 年）
英善	嘉慶四年（公元 1799 年）
和寧	嘉慶五年（公元 1800 年）
英善	嘉慶六－八年（公元 1801 － 1803 年）
福寧	嘉慶八－九年（公元 1803 － 1804 年）
策巴克	嘉慶九－十年（公元 1804 － 1805 年）

四〇・一

姓名	任期
玉寧	嘉慶十－十三年（公元 1805 － 1808 年）
文弼	嘉慶十三－十五年（公元 1808 － 1810 年）
陽春保	嘉慶十五－十六年（公元 1810 － 1811 年）
瑚圖禮	嘉慶十六－十九年（公元 1811 － 1814 年）
喜明	嘉慶十九－二十二年（公元 1814 － 1817 年）
玉麟	嘉慶二十二－二十五年（公元 1817 － 1820 年）
文干	嘉慶二十五年－道光三年（公元 1820 － 1823 年）
松廷	道光三－七年（公元 1823 － 1827 年）
惠顯	道光七－十年（公元 1827 － 1830 年）
興科	道光十－十二年（公元 1830 － 1832 年）
文蔚	道光十四－十五年（公元 1834 － 1835 年）
慶祿	道光十五－十六年（公元 1835 － 1836 年）
關聖保	道光十六－十九年（公元 1836 － 1839 年）
孟保	道光十九－二十一年（公元 1839 － 1841 年）
海朴	道光二十二－二十三年（公元 1842 － 1843 年）
孟保	道光二十三年（公元 1843 年）
琦善	道光二十三－二十六年（公元 1843 － 1846 年）
斌良	道光二十六－二十七年（公元 1846 － 1847 年）
穆騰額	道光二十八－咸豐二年（公元 1848 － 1852 年）
海枚	咸豐二－三年（公元 1852 － 1853 年）
文尉	咸豐三年（公元 1853 年）
赫特賀	咸豐三－六年（公元 1853 － 1856 年）
滿慶	咸豐七－九年（公元 1857 － 1859 年）
崇實	咸豐九－十一年（公元 1859 － 1861 年）
景紋	咸豐十一－同治七年（公元 1861 － 1868 年）
恩麟	同治八－十二年（公元 1869 － 1873 年）
承繼	同治十二－十三年（公元 1873 － 1874 年）
松溎	同治十三年－光緒五年（公元 1874 — 1879 年）
色楞額	光緒五－十一年（公元 1879 － 1885 年）
文碩	光緒十一－十三年（公元 1885 － 1887 年）
長庚	光緒十四－十六年（公元 1888 － 1890 年）
升泰	光緒十六－十八年（公元 1890 － 1892 年）
奎煥	光緒十八－二十二年（公元 1892 － 1896 年）
文海	光緒二十二－二十五年（公元 1896 － 1899 年）
慶善	光緒二十六年（公元 1900 年）
裕綱	光緒二十六－二十八年（公元 1900 － 1902 年）
有泰	光緒二十八－三十二年（公元 1902 － 1906 年）
聯豫	光緒三十二年－宣統三年（公元 1906 － 1911 年）
趙爾豐	宣統元－二年（公元 1909 － 1910 年）川軍入藏

（注： 公元一九〇六年副都統張蔭棠來藏查辦藏事；公元一九〇七年赴印參加中英藏印通商會議。）

四〇・二

四〇・三

駐藏大臣負責稽查財政收支，對侵漁舞弊者治罪；又督察司法、戶口差役，指揮督率訓練地方軍隊，負責巡視邊境和辦理一切涉外事宜。自公元一七二七年至一九一一年，清朝先後派出駐藏大臣（正副）一百三十六人，除完成上述職司外，還主持西藏地方官員的任免，主持達賴喇嘛、班禪額爾德尼和其他大活佛的轉世與坐床活動等，是清中央政府全面總理西藏的最高行政長官。

公元一七五一年，清政府規定「凡衛藏事務皆命駐藏大臣會同達賴喇嘛裁決」，並正式成立噶廈（西藏地方政府），設立四名噶倫，規定三俗一僧（僧人噶倫由達賴喇嘛親自向清朝推薦），地位平等，均為三品官，秉承駐藏大臣和達賴喇嘛的指示，共同處理藏政。同時，在達賴喇嘛系統下成立譯倉，內設僧官四人，對寺廟和僧人進行管理。又在布達拉宮設立僧官學校，訓練各寺僧人，畢業後擔任僧官以削弱西藏世俗貴族的權勢，抬高僧權。噶廈和譯倉兩大僧俗官員機制，互相牽制，避免獨斷專行。噶廈內的各級藏族官員及清朝駐藏官員，同歸清朝理藩院管理。從此到一九五九年，噶廈組織和一切職權持續了二百餘年。

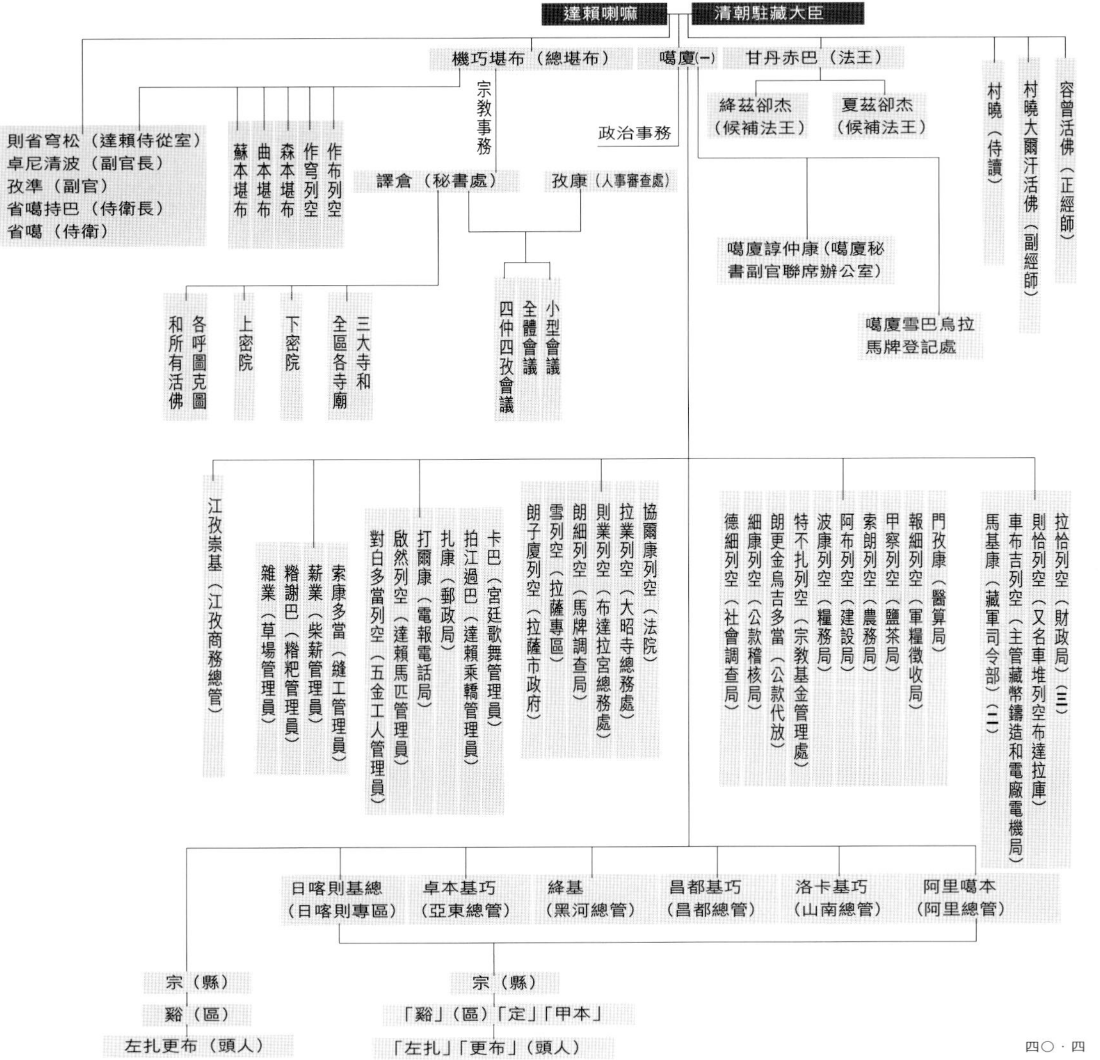

四〇・四

〔注：（一）原西藏地方政府（噶廈）是由清朝中央政府命令建立的，清朝規定了噶倫的工作是在駐藏大臣與達賴喇嘛領導之下進行的。因此原西藏地方政府在公元一九一一年清朝未被推翻前，一直是受達賴喇嘛和駐藏大臣領導的。

（二）「藏軍司令部」，「昌都基巧」等是在公元一九一一年以後逐步建立的。

（三）「局」是據藏文「列空」（機關）的意思譯的。〕

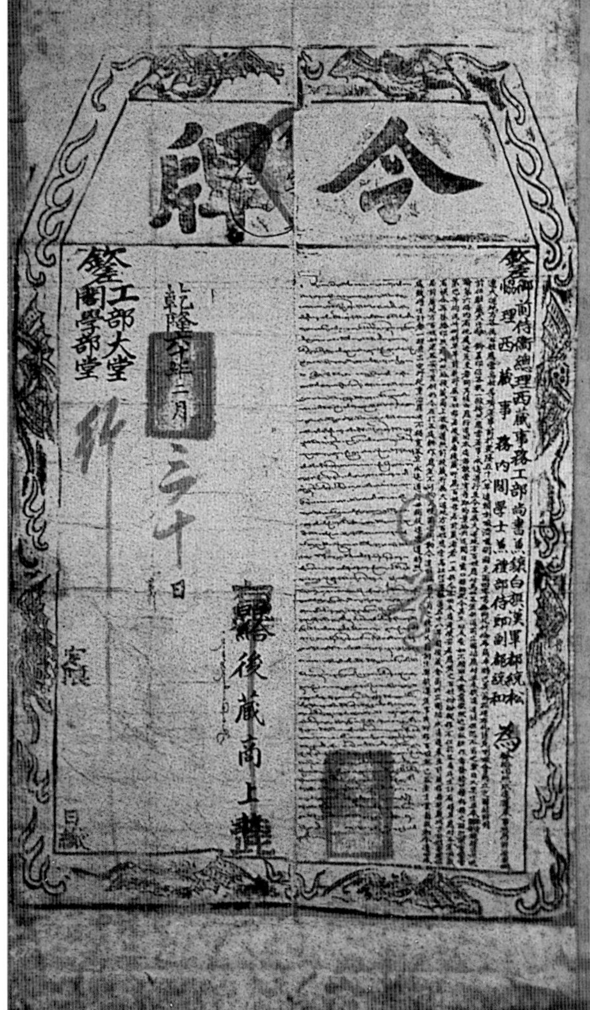

令牌

欽差御前侍衛總理西藏事務工部尚書鑲白旗漢軍都統松
協理西藏事務內閣學士兼禮部侍郎副都統和 為

給後藏商上

乾隆六十年二月 二十 日

欽差工部大堂
內閣學部堂

四〇·五

四〇·六

四〇·七

四〇·一（前頁）
清代歷任駐藏大臣一覽表

四〇·二（前頁）
雍正五年（公元一七二七年），清朝中央開始派駐藏大臣常駐拉薩，代表中央處理西藏事務，其地位與達賴喇嘛完全平等。圖為拉薩大昭寺以西被稱為「朵松格」（石獅子）的駐藏大臣衙門，攝於本世紀初。（陳宗烈提供）

四〇·三（前頁）
圖為清駐藏大臣有泰（左三）和他的幕僚合影，攝於本世紀初。有泰於光緒二十八至三十二年（公元一九〇二—一九〇六年）駐藏，後被進藏查辦藏事的駐藏幫辦大臣張蔭棠參奏其貪贓枉法，顢頇誤國而被革職查辦。（陳宗烈提供）

四〇·四（前頁）
原西藏地方政府組織系統表

四〇·五
駐藏大臣正式設於雍正五年（公元一七二七年），目的是要加強對西藏的管理。其職責是主管西藏所有高級僧俗官員的任免，稽查財政收支，指揮地方軍隊，督察司法，戶口，差役等事項，負責活佛轉世的抽籤和主持達賴、班禪坐床等。圖為乾隆六十年（公元一七九五年）駐藏大臣松筠給班禪堪布廳頒發的令牌。（《中國西藏》雜誌社資料室提供）

四〇·六
清乾隆十六年（公元一七五一年），清政府正式成立噶廈（西藏地方政府），使之秉承駐藏大臣和達賴喇嘛的指示，處理藏政。圖為本世紀五十年代後期的四大「噶倫」（自左至右）：阿沛·阿旺晉美、夏蘇·居美多吉、柳霞·土登塔巴和桑頗·才旺仁增。（陳宗烈攝於一九五七年）

四〇·七
雪列空是噶廈（西藏地方政府）管理拉薩地區事務和刑事案件的機構，由地方政府任命的一僧一俗兩位五品官主持其事。圖為坐落在布達拉宮下的雪列空。（陳宗烈攝於一九五七年）

41

攝政制度的建立

公元一七五〇年，郡王珠爾墨特那木札勒謀叛被誅，清朝中央決定廢除郡王制，正式授予七世達賴喇嘛掌管西藏地方政教大權。一七五七年，七世達賴喇嘛圓寂，藏中政教事務一時無人主持。鑒於此，乾隆皇帝委任第穆呼圖克圖為攝政，並賜大銀印「掌管西藏事務者持黃帽教吉祥諸門罕之聖印」。從此即為定制，即在達賴喇嘛靈童未找到及靈童坐床後、尚未達法定之執政年齡（十八歲）之前，代行達賴喇嘛的職權。接着第穆呼圖克圖在大昭寺前大興土木，修建佛邸，次年完成。乾隆皇帝賜名「廣法寺」，藏語稱「丹杰林」。

四一・一

四一・二

公元一七七七年，第穆呼圖克圖圓寂，當時八世達賴喇嘛十九歲，乾隆皇帝派遣北京雍和宮堪布（住持）、原西藏甘丹寺夏孜法王阿旺次程繼任攝政。阿旺次程在拉薩暫住頗羅鼐府甘丹康薩，同年在甘丹康薩南面興修了佛邸，一七七八年竣工，取名「策墨林」，意為長壽寺。從此開始了策墨林呼圖克圖活佛系統的傳承，阿旺次程為策墨林一世。

公元一七九一年，策墨林呼圖克圖圓寂，乾隆皇帝任命達察呼圖克圖丹貝貢布為攝政，達察佛又稱濟嚨佛、大拭佛。他剛開始駐錫拉薩旺丹貝巴，一七九四年在磨盤山下的佛邸落成，乾隆皇帝賜名「永安寺」，藏語稱「功德林」，從此達察活佛又稱功德林活佛。

十一世達賴七歲時（公元一八四四年），道光皇帝廢黜當時的攝政第二世策墨林呼圖克圖楚臣嘉措，一八四六年改任熱振呼圖克圖為攝政。熱振活佛祖廟在藏北旁多地方，拉薩錫堆寺（又叫「錫堆林」），就是他的駐錫之地。

從公元一七五七年七世達賴喇嘛圓寂時起，先後有十一位大活佛出任過攝政，而其活佛傳承體系稱為「杰魯呼圖克圖」，即能出任攝政的大活佛。

四一・三

四一・四

四一・一（前頁） 公元一七五七年，七世達賴圓寂，乾隆皇帝命第穆活佛為攝政，即在前世達賴圓寂直至後世達賴親政前代理達賴喇嘛職權，從此形成定制。圖為兩次出任攝政的熱振活佛的駐錫地——拉薩錫堆寺遺址。（張鷹攝於一九九六年）

四一・二（前頁） 過去曾有一世、三世兩輩策墨林活佛出任攝政。圖為攝政策墨林活佛駐錫的拉薩策墨林寺遺址。（張鷹攝於一九九六年）

四一・三 第五世熱振活佛強白益西於公元一九三四到一九四一年擔任攝政，一九四七年被害身亡。圖為十世第穆活佛於四十年代初拍攝的熱振活佛強白益西的照片。（第穆．旺多提供）

四一・四 德珠活佛欽繞旺秋曾於公元一八六四年十二世達賴喇嘛時期出任攝政。圖為德珠活佛駐錫地木鹿寺。（張鷹攝於一九九六年）

42

廓爾喀人的入侵與平定

公元一七八〇年，乾隆帝循順治帝召五世達賴喇嘛晉京舊例，批准六世班禪巴丹益西晉京祝壽（當年八月十三日，乾隆皇帝七十大壽），在熱河仿其駐錫寺扎什倫布寺形式建須彌福壽寺，以為其駐錫之地。同年七月，班禪一行抵熱河，謁見乾隆帝後九月達京，十月出痘感染時疫，不幸於十一月在北京西黃寺圓寂。其兄仲巴呼圖克圖將六世班禪所獲得的蒙藏信徒供獻的金銀財寶、大量的牛羊馬匹，以及皇帝給予的賞賜共計價值數十萬両的金銀財物運回西藏，除一部分牛、羊、馬交給扎什倫布寺外，其餘珍貴物品均私行侵吞，而六世班禪另一兄弟

四二・一

四二・二

四二・三

四二・一 乾隆五十七年（公元一七九二年），清朝成功地驅逐了廓爾喀入侵者，立《十全記功碑》於布達拉宮前，記載乾隆帝登基五十七年來的十大政功，由四川總督惠齡、駐藏大臣和琳、駐藏幫辦大臣成德主持刊刻。此碑一九六五年遷龍王潭，一九九五年再遷回布達拉宮前。（陳宗烈提供）

四二・二 關帝廟內的石碑上，刻有修建關帝廟的緣起和捐資者名錄，此碑文由福康安大將軍撰寫，現仍存於關帝廟內。（張鷹攝於一九九六年）

四二・三 戰勝廓爾喀後，清軍統帥福康安等捐資修建關帝廟於拉薩以西之磨盤山上。圖為關帝廟之部分殘存屋宇。（張鷹攝於一九九六年）

紅帽系活佛卻朱嘉措因教派不同，沒能分到，很不滿意，遂於乾隆四十九年（公元一七八四年）前往尼泊爾，在加德滿都與廓爾喀王相勾結，煽動其先後於公元一七八八年和一七九一年兩次侵入西藏，佔領吉隆、宗喀、尼拉木等地，並且出兵洗掠了扎什倫布寺及其所轄後藏地區。

清高宗先派四川總督鄂輝、成都將軍成德率軍入藏驅逐廓爾喀軍，公元一七九一年冬又派福康安為大將軍、海蘭察為參贊大臣率軍入藏，次年將廓爾喀軍全部驅逐出境，並將其佔領的西藏地方全部收復。廓爾喀乞降，送回所掠各種財產及文物，具結永不犯藏，從此西南邊疆一帶得以鞏固。

清廷為嚴懲卻朱嘉措活佛，宣佈停止其紅帽系活佛轉世，並將其歷輩所駐錫寺廟羊八井寺寺產查抄，財產充公，寺廟改為格魯派寺廟。班禪之兄仲巴呼圖克圖大敵當前時攜財物逃跑，令解京治罪，而扎什倫布寺另一喇嘛濟仲不率眾抵抗，反以卜辭惑眾，則治以剝黃（剝去袈裟黃帽）正法。

四二・四

四二・四 公元一七九五年乾隆皇帝退位，其肖像被請至西藏。八世達賴將乾隆皇帝肖像供於布達拉宮殊勝三界殿，七世班禪將其供於扎什倫布寺。圖為供奉在扎什倫布寺內的乾隆皇帝像。（陳宗烈攝）

43

欽定藏內善後章程（二十九條）和金瓶掣籤

乾隆五十七年（公元一七九二年），清高宗在發兵討伐廓爾喀，將其驅逐出境，平定西藏之亂後，決定大力整頓西藏地方吏治，諭令進藏官兵統帥福康安等針對西藏弊端，就政治、宗教擬出完整治理方案——籌議西藏善後。

福康安會同西藏地方官員，擬定「善後章程二十九條」，於公元一七九三年奏經朝廷審定後，正式頒行，即著名的《欽定藏內善後章程》（簡稱「二十九條」）。章程內對駐藏大臣的職權以及官吏應遵守的制度、邊界防禦、對外交涉、財政貿易、活佛轉世等方面都分別作了詳細規定，以法律形式固定下

四三・一

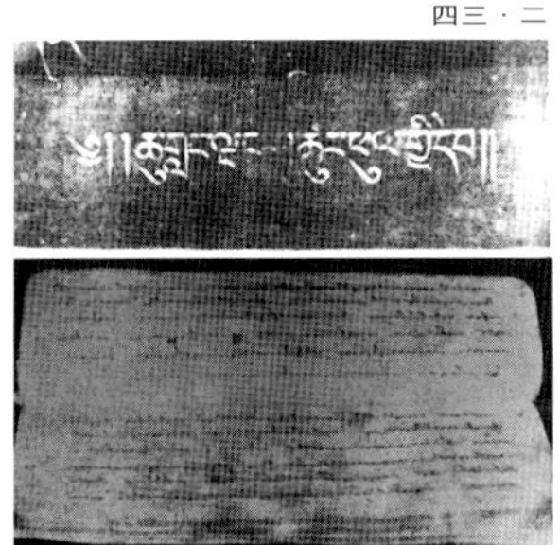

四三・二

四三・一 公元一七九三年，乾隆皇帝頒賜西藏一金本巴瓶，規定以後凡達賴、班禪等大活佛圓寂後，必需尋訪數位靈童，在大昭寺釋迦牟尼像前由駐藏大臣主持金瓶掣籤認定。另賜一金本巴瓶於北京雍和宮，專掣蒙古地區大活佛。圖為現藏於拉薩羅布林卡的金本巴瓶和牙籤。（陳宗烈攝於一九五九年）

四三・二 公元一七九三年，清朝中央正式頒佈《欽定藏內善後章程》二十九條，第一條即規定今後凡達賴、班禪以及各大呼圖克圖轉世，必須經過「金瓶掣籤」才能認定。圖為《欽定藏內善後章程》的藏文版本。（陳宗烈提供）

來。它的頒行，標誌着清朝在西藏的施政發展又再進了一步，鞏固了清中央對西藏的控制。

鑒於西藏活佛轉世中的弊端，「二十九條」第一條特別制定了金瓶掣籤制度，明確規定：「關於尋找活佛及呼圖克圖的靈童的問題，依照藏人例俗，確認靈童必問卜於四大護法，這樣就難免發生弊端。大皇帝為求黃教得到興隆，特賜一金瓶，今後遇到尋認靈童時，邀集四大護法，將靈童的名字及出生年月，用滿、漢、藏三種文字寫於牙籤上，放進瓶內，選派真正有學問的活佛，祈禱七日，然後由各呼圖克圖和駐藏大臣在大昭寺釋迦佛像前正式認定。假如找到的靈童僅只一名，亦須將一個有靈童名字的牙籤，和一個沒有名字的牙籤，共同放進瓶內，假若抽出沒有名字的牙籤，就不能認定已尋得的兒童，而要另外尋找。」

清初，達賴、班禪的承襲與轉世必須得到朝廷冊封，自「二十九條」頒佈後，他們的轉世還必須以金本巴瓶掣籤決定，並由駐藏大臣主持坐床，從而徹底廢除了達賴、班禪和拉穆（四大護法神之一）吹忠（護法）的指認權，將活佛轉世事宜，正式納入國家特定的管理法典之中。

四三·三

四三·四

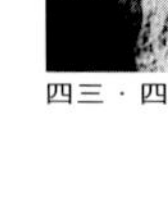

四三·三 乾隆皇帝親撰「喇嘛說」，論述活佛轉世的緣起和金瓶掣籤的意義，以滿、漢、蒙、藏四種文字鐫刻，勒石立碑於北京雍和宮。圖為《御製喇嘛說》碑的局部。（雍和宮管理處一九九二年提供）

四三·四 在布達拉宮薩松朗杰（意為殊勝三界）宮，供有清朝皇帝的「萬歲」牌位。自七世達賴格桑嘉措起，各世達賴每年藏曆正月初三凌晨都要到這裡向皇帝牌位進行朝拜，表明其對皇帝的臣屬關係。（陳宗烈攝於一九五六年）

44

《鐵虎清冊》的編定

公元一八三〇年（藏曆第十四饒迥鐵虎年）九月二十日，西藏地方政府按照以前同漢藏官員會同發佈的命令，為平均屬下差民和差稅負擔，對衛、藏、塔工、絨等地區部分宗谿的土地的差賦進行了清查，由首席噶倫夏扎·頓珠多吉、侍從卻本（負責活佛宗教活動的近侍官）堪布（主持）洛松赤列南杰、孜本（財政大臣）帕拉哇、噶準（職掌上呈下級官員的請求，並傳達回覆或指示的中間官）格桑阿旺等人在前幾年進行的清查，寫定稱為《鐵虎清冊》（全名為《噶丹頗章所屬衛藏塔工絨等地區鐵虎年普查清冊》）的登記文書，由藏漢官員會同蓋章。

四四·一

四四·二

四四·一 清道光十年（公元一八三〇年），西藏地方政府為增加財政收入，解決差稅負擔不平衡問題，進行了西藏最大的一次土地差賦普查，普查結果製成清冊。由於該年正是藏曆鐵虎年，故定名《鐵虎清冊》。圖為一九九一年重新校勘出版的《鐵虎清冊》，是研究往日西藏生產資料佔有制度的重要史料，原件保存在西藏檔案館。（王勉之攝於一九九五年）

四四·二 西藏所有農奴和奴隸，都必須向其領主交納人頭稅，圖中一位女農奴在孩子出生後前往登記和交納人頭稅的情形，攝於本世紀四十年代。（轉拍自《中國西藏社會歷史資料》一九九一年版）

為使清冊的記載規定保持不變，由僧俗官員一致同意呈報給十世達賴喇嘛楚臣嘉措，並在清冊前面的説明報告上蓋印。以眾噶倫為首的政府各級官員、侍從、南杰扎倉(布達拉宮裡達賴喇嘛的僧團）的全體僧人、色拉寺哲蚌寺甘丹寺三大寺的僧人、各扎倉（寺院中的學院一級組織）、拉薩上下密院的上師和執事僧等攜帶哈達，分批前去拜見達賴喇嘛，表示感謝。達賴喇嘛滿足大眾意願，不斷為他們摩頂賜福。

此後，在西藏地方政府的管轄區域內，除了少數地區後來重新進行過清查重寫清冊外，其他廣大地區的土地的佔有、差稅烏拉的支應、減免和維持原狀，都是以《鐵虎清冊》的登記作為依據，因此這是最大的一次普遍的清查。西藏民主改革前的一百二十九年間，地方政府、貴族和寺院三大領主都以它作為佔有土地和農奴、派差收租的基礎，故它也是研究舊西藏生產資料佔有制度的最重要的歷史文獻。這份還蓋有當時的駐藏大臣印章的《鐵虎清冊》原本（藏文，共六十件），至今仍完整地收藏在西藏自治區檔案館裡。

公元一八三一年，兩位駐藏大臣將順利完成清查和編製《鐵虎清冊》的情形上奏，道光皇帝降旨將負責進行清查的噶倫夏扎·頓珠多吉封為頭等台吉。

四四·三

四四·三 農奴們為布達拉宮揹茶，這是西藏地方政府規定的差役，攝於本世紀四十年代。（轉拍自《中國西藏社會歷史資料》一九九一年版）

45

英國侵略西藏

公元一六〇〇年，英國在印度建立大本營東印度公司後，為擴大其地域、爭奪市場及掠奪生產資源，即圖染指中國西藏，曾先後派出波格爾、忒涅、曼寧等間諜潛入西藏，但都遭到失敗。中國的國門被鴉片戰爭的炮聲打開後，英帝復以「遊歷」、「通商」等手段偵察、窺伺西藏，但均未奏效，後即着手控制哲孟雄（錫金）作為侵略西藏的前沿陣地。一八八六年西藏地方政府為防止英人的侵入，在隆吐山建卡設防，派兵進駐。

公元一八八八年初，英軍向隆吐山藏軍發動進攻，遭

四五・一

四五・二

到頑強的抵抗，西藏僧俗各界同仇敵愾，聲言：「縱有男盡女絕之憂，惟當復仇抵禦，永遠力阻，別無所思！」一九〇三年七月，英軍將領榮赫鵬(Francis Younghusband)率萬人大軍，對西藏發動大規模襲擊。西藏軍民前仆後繼，奮勇反抗，經過骨魯、少崗、江孜戰役，終因土槍竹箭敵不過洋槍大炮，再加上清朝政府的軟弱無能和貴族官員指揮失當，最後英軍打到拉薩，十三世達賴逃到內地。

戰役結束後，英軍強迫西藏地方政府簽訂《拉薩條約》，主要內容為：西藏不得向任何外國出讓土地、礦產等；西藏向英國賠款；拆毀印度至江孜、拉薩沿途要塞；開放亞東、江孜、噶大克三地為商埠；西藏承認公元一八九〇年條約，劃定藏錫邊界；英軍在亞東駐兵等，從而使西藏完全成為英國的勢力範圍。但這個條約沒有得到清朝政府的承認。一九〇六年十月改訂《中英續定藏印條約》，以《拉薩條約》為附約，規定英國無權干涉西藏內政，除清朝政府之外，任何國家沒有在西藏修築火車鐵路、公路、架設通訊設施、開採礦石等權力；由清政府負責賠償英軍二百三十萬盾。

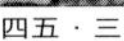
四五・三

四五・四

進入二十世紀，英國不僅繼續唆使西藏完全脱離中國，還挑唆藏軍向西康方面東侵，佔據更多的地區。為達目的，英國大力協助噶廈擴建藏軍，不僅在江孜開設軍官訓練學校，為藏軍培訓軍官，還供給藏軍軍火武器。

四五・五

四五・一（前頁） 十九世紀後期，英國侵藏的野心日益明顯。公元一八九九至一九〇一年，英國殖民地總督曾三次致函十三世達賴，教唆西藏脱離中國，並請達賴派代表與英國直接談「印藏雙方的商務和政治的互利措施」。後三封親筆信均被達賴原件退回，英惱怒之下，於一九〇三年派軍入侵崗巴宗，激起藏人的強烈反抗。圖為西藏西南邊境的崗巴宗城堡抗英遺址。（陳宗烈攝於一九五七年）

四五・二（前頁） 公元一九〇四年四月，英軍入侵江孜後，藏軍曾與之發生多次激戰，最後因英軍切斷水源，加之彈藥庫中彈爆炸，炮台淪陷，藏軍堅持了兩個多月的抗戰戰鬥始告失敗。圖為江孜城堡抗英舊址。（陳宗烈攝於一九五七年）

四五・三 公元一九〇四年三月，英國侵略軍在亞東以北的骨魯地方，用洋槍洋炮屠殺西藏軍民一千四百餘人。圖為當年英人拍攝的英軍侮辱藏軍俘虜的情形。（轉拍自《西藏：失落的文明》一九八八年版）

四五・四 公元一九〇四年四月，英軍侵入西藏重鎮江孜，西藏各地民軍和僧兵集結江孜進行抵抗。圖為當時在江孜城參加抗擊英軍入侵的兩位藏族戰士。（陳宗烈提供）

四五・五 公元一九〇四年八月，英軍開進拉薩城，馬上逼迫當時的清駐藏大臣有泰「簽訂」《拉薩條約》，後條約未得清政府承認，一九〇六年十月，改立《中英續定藏印條約》。圖為一九〇四年英人拍下英侵略軍入城時的情形。（轉拍自《西藏：失落的文明》一九八八年版）

46

十三世達賴「新政」

二十世紀初，十三世達賴（公元一八七五——九三三年）在內地、外蒙、印度等地居留一段時間，痛感西藏的閉塞落後，力量薄弱，於是在西藏推行了一系列的新政與改革措施。公元一九一三年，他派四品官龍廈率領四名貴族青年到英國留學，四人中果卡爾學軍事，門仲學採礦，吉普學郵政，強俄巴學電力。一九一四年噶廈設立馬基康（即藏軍總司令部），以擦絨為馬基（司令），台吉車門巴為馬基穹娃（副司令），着手籌辦新軍，擬設常備軍一萬，分五百人為一代本（相當於團長），每一代本下轄四如本（營長）、十甲本（連長）、五十居本（班長）。達賴原擬組織三十個代本的

四六·一

四六·二

四六·一 十三世達賴喇嘛土登嘉措（公元一八七五—一九三三年），一生經歷坎坷。公元一九〇四年，因英軍入侵而流亡內地。一九〇九年底返藏後，由於與清政府遣派到藏的川軍發生衝突，逃往印度。公元一九一二年（民國元年）返回拉薩後，推行一系列「新政」，但由於大部分只針對政府機構，影響只局限拉薩，大多半途而廢。晚年痛感維護祖國統一的重要性，積極恢復西藏與中央政府的關係。圖為本世紀初外國人為十三世達賴拍攝的照片。（陳宗烈提供）

四六·二 公元一九〇四年，英軍入侵拉薩，十三世達賴出逃。後受清廷召請，從庫倫遷往北京居住。圖為布達拉宮中慈禧太后一九〇八年在北京接見十三世達賴喇嘛土登嘉措的壁畫。（陳宗烈攝）

四六·三 清朝慈禧太后賜給十三世達賴喇嘛的禮品：用二十萬顆珍珠串製成的「曼陀羅」，現藏於布達拉宮。（陳宗烈攝於一九五七年）

四六·四 公元一九〇八年，十三世達賴喇嘛土登嘉措呈給清朝光緒皇帝的奏書。他寫道：「……為了釋迦牟尼的教義和皇帝版圖的鞏固，我經常去唸經祈禱……」（陳宗烈攝）

兵力，分別以藏文三十個字母順序命名，最後礙於軍費只成立了十二個代本。

為解決武器彈藥補給，公元一九一四年噶廈在拉薩北郊的札什城建機器廠，後改為造幣廠和印刷廠；一九一六年下令創辦「門孜康」(醫藥曆算局)，採取藏族傳統的教育方法，傳授有關藏醫藏藥和天文曆算等知識；一九二一年成立軍糧局；一九二三年成立警察局，在拉薩各街道建立崗哨；又在波密地區試種茶樹；一九二五年成立郵政局、電報局等，並在拉薩近郊試行開採金礦；一九二七年籌辦水電廠，派人到英國留學、到印度考察等。為了推行「新政」，達賴在噶廈(西藏地方政府)之上增設一名司倫，秉承達賴意志，領導噶廈的日常工作。

「新政」中，影響最大，阻力最大的是改革稅收問題。因各項新政都需要錢，噶廈遂於一九一四年加徵鹽稅、皮革稅和羊毛稅。但增收新稅引起了噶廈與寺廟之間關係的惡化，特別是噶廈與扎什倫布寺之間的矛盾，因以前班禪轄區只給扎什倫布寺負擔稅款地租，對噶廈沒有任何負擔，新稅制規定班禪轄區及其屬民也要納稅，引起班禪的官員和人民不滿，並最終導致九世班禪的離藏出走，和達賴班禪兩大活佛世系之間的關係破裂。

四六·三

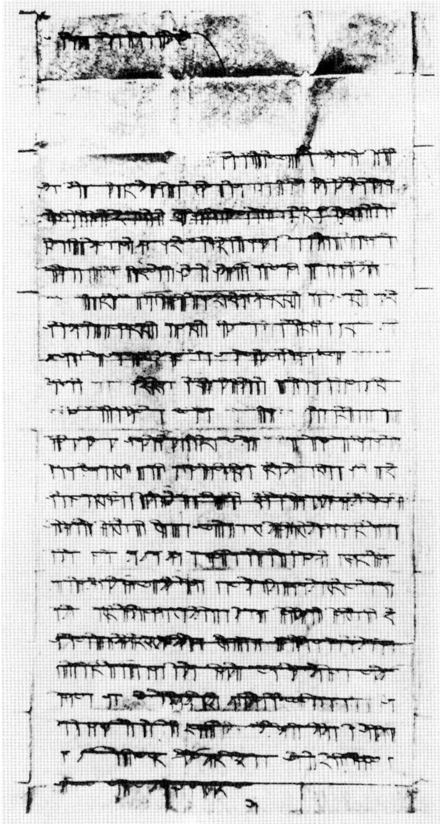

四六·四

47

西藏的貨幣

西藏遠古時代的貨幣缺少準確的記載，那時的交換方式主要是以物易物，這種方式一直保持到近代，例如每年秋天牧民趕着馱牛來到農區，用酥油、食鹽、土鹼、羊毛等交換農民的青稞、小麥和豌豆，一般是一克食鹽（三點五公斤）換一克（十四公斤）青稞。到了公元七世紀的吐蕃王朝時期，藏王松贊干布制定了升、斗、秤等衡量器具和度量衡標準法，出現了金子、白銀、松石、「頗羅彌」（梵語，寶石）作貨幣的情況，屬民修造大、小昭寺和扎拉神廟，均以食鹽作為報酬。宋代中原和吐蕃之間茶馬交換頻繁，元代西藏正式歸入中國版圖，銀錠

四七・一

四七・二

四七・一
從十六世紀末開始，西藏銀幣由尼泊爾鑄造，到十八世紀後期，因尼泊爾所鑄銀幣流通問題，導致藏尼紛爭。公元一七九二年後，清朝中央政府批准西藏鑄造銀幣，名曰「乾隆寶藏」，以後陸續鑄造「嘉慶寶藏」、「道光寶藏」、「光緒寶藏」等。圖為尼泊爾代鑄幣和「康熙寶藏」銀幣正背面。（轉拍自《中國歷代貨幣》一九八二年版）

四七・二
公元一九一二年後，西藏地方政府陸續發行銅幣和紙幣。新幣制規定製造銅幣四種，分二分五厘、五分、七分五厘、一錢；銀幣為一兩五錢和三兩兩種。圖即稱為「噶窮」的五分銅幣一枚。（劉原提供）

在西藏大量流行，每個重五十両，俗稱一秤銀子。

從公元十六世紀中葉開始，西藏地方政府和尼泊爾王國達成協議，西藏提供銀子，尼泊爾代為鑄造錢幣。到十八世紀後期，藏尼雙方在錢幣問題上不斷發生糾紛，最後釀成廓爾喀侵藏戰爭。公元一七九一年，在駐藏大臣的監督下，西藏地方政府在工布地區覺木宗雪卡溝造出一種章噶銀幣「九松西阿」（即藏曆十三饒迴鐵豬年），首創中國硬幣添鑄年份的先例，其式樣也一直為西藏地方鑄幣所保持。一七九三年乾隆皇帝下諭西藏地方自鑄錢幣。自此西藏鑄造刻有「乾隆寶藏」漢藏兩文的銀章噶，並且逐年鑄造「嘉慶寶藏」、「道光寶藏」等。

宣統元年（公元一九〇九年），西藏地方政府在拉薩城北札什地方以水力為動力，用機器鑄造銀幣和銅幣；一九一二年，西藏正式成立歐康（銀行），負責改革西藏幣制。和平解放西藏（公元一九五一年）後，中央政府允許西藏繼續保留其原有制度，包括藏幣。但考慮到藏區對「袁大頭」銀幣的信任和喜用，人民解放軍進藏部隊就以之與藏族人民交換。公元一九五九年三月，西藏發生叛亂，國務院下令解散原西藏地方政府，關閉了札什造幣廠。此後，西藏地方貨幣完全統一於人民幣。

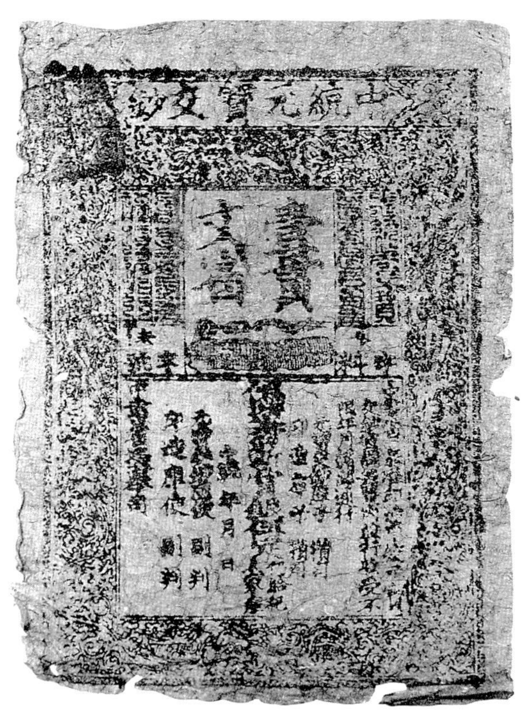

四七·三

四七·四

四七·三 元朝在西藏流通的「中統元寶交鈔」，面額「壹貫文省」，寶鈔背面有「至正印造元寶交鈔」八字。寶鈔面積二十八點八乘二十點四厘米，現藏於羅布林卡。（轉拍自《西藏文物精萃》一九九二年版）

四七·四 公元一九一二年後，西藏地方政府用木模印製各種面值的紙幣，包括藏銀五両、十両、十五両、二十五両和五十両。這種藏鈔不兑現，但發行數字有一定限制，且規定發新收舊。圖為十両及百両藏鈔正背面，左上下為十両，右上下為百両。（《中國西藏》雜誌社資料室提供）

近代西藏

M o d e r n T i b e t

48

西藏的郵政

據史書記載，早在吐蕃王朝時期，西藏就有了通信「驛站」，當時進藏的驛路有三條：從長安到吐蕃的邏些（拉薩）；自蜀地（四川）入藏；自雲南入藏，沿路都有驛站。薩迦地方政權建立以後，這種驛站逐漸完善。為地方政府送公文的信差，藏語稱為「阿仲」，他們身背黃氆氌公文包，急件以羽毛為標誌，揚鞭疾馳，鈴聲不斷，換馬不換人，一直送達收信者。但有時也令差民支信差，一站一站交替傳遞。到了清代，西藏的驛路幾乎四通八達，例如雅安至拉薩，計程五千里，驛站一百零九個；西寧至拉薩三千七百里，驛站六十八個；拉薩至扎什倫布寺，八百

四八・一

四八・二

四八・一 公元一九一二年，西藏地方政府扎康（郵電局）先後共發行三套普通郵票，第一套六枚，第二套兩枚，第三套五枚。圖為扎康發行的第一套普通郵票其中第三種齊吉（名稱）郵票的整版張，每版為十二枚，顏色灰紫。每枚面額為七分五厘（每十分為藏銀一錢）。（劉原提供）

四八・二 公元一九一二年，西藏地方政府將位於大昭寺西側的丹吉林寺部分房屋改成郵電局（扎康），是為西藏現代郵政之始。圖為扎康舊址。（陳宗烈攝於八十年代中）

八十五里，驛站十八個等等。

公元一八九六年，大清國郵政開辦，公元一九一〇年拉薩郵界成立，並成立郵政管理局。開局以後，陸續貫通入藏古驛道全線，從成都經康定到拉薩，又從拉薩經江孜到亞東。並在西藏先後發行了清「蟠龍」第三次印刷版普通郵票二十枚和西藏地方加蓋專用「蟠龍」第三版郵票全套十一枚。公元一九一二年，十三世達賴下令在西藏創辦扎康（郵政局），委派僧官札巴曲加、俗官貝喜娃二人為札吉（郵政總管），郵票由印刷廠代製，發給郵局使用，郵局則每六個月向噶廈政府報告一次營業情況，並向歐康（即銀行）上交收入。西藏郵政，完全是在清朝駐藏大臣所設的驛站基礎上改建的，每四十五華里設一郵站，來往傳遞郵件。但那時的西藏郵政只通拉薩、江孜、日喀則、帕里，不出西藏境內，和國際郵政無聯繫。西藏地方郵政發行的郵票共分三種：普通票十三枚，公文票八枚和電報票五枚。

拉薩電報局也是這年成立的，達賴委任俗官吉普巴（英國留學生）和僧官曲丹丹達（印度留學生）二人為局長，同樣規定每六個月向噶廈報告一次營業情況，並向銀行上繳收入。拉薩電報局只通到江孜，與英國人辦的江孜電報局接線。

四八・三

四八・四

四八・三 圖為貼有蟠龍西藏加蓋票和印度郵票的實寄封，封上郵戳為公元一九一一年。（劉原提供）

四八・四 西藏地方郵政發行的公文票共八種，圖為面值藏銀二兩的大公文郵票，每枚面積七十六乘七十三厘米，可謂公文郵票之王，極為稀罕。（劉原提供）

49

西姆拉會議

辛亥革命爆發（公元一九一一年十月十日）的消息傳到西藏後，駐拉薩、江孜的川軍先後發生兵變，部分川軍受到衛藏民軍的包圍，斷其糧草供應，逐步陷入絕境。西藏靖西同知馬師周等人和護理駐藏辦事長官陸興祺分別由印度致電四川都督尹昌衡、雲南都督蔡鍔，請求速由川滇發兵援藏。北洋政府即命尹昌衡率川軍入藏支援，命蔡鍔率部由雲南中甸向康區進兵，以與川軍配合。川滇都督接令後，立即行動，進軍拉薩。

英帝見川滇兩軍進展順利，立即出面干涉，一再要求北洋政府派代表到印度召開西藏會議，並主張西藏方面也要派代表參

四九・一

四九・一 參加西姆拉會議的英國和中國漢藏代表合影。前排中間為英國全權代表麥克馬洪，左三為中國代表陳貽範，右三為中國西藏代表倫欽夏扎。（喜繞尼瑪提供）

加。與此同時，十三世達賴從印度大吉嶺返藏，接到袁世凱「開復」其名號的電令後，亦要求北洋政府派人到大吉嶺談判。北洋政府遂一面令川滇軍停止向拉薩進軍，一面表示同意舉行談判，並派陳貽範為中國方面的全權代表，西藏方面則派倫欽夏扎等人為代表，英國方面則派麥克馬洪（Henry MacMahon）為全權代表，以駐錫金行政長官貝爾為顧問。會議地點在印度西姆拉。

西姆拉會議以英國提出的「折衷」方案為基礎，進行談判。「折衷」方案的換文中還承認「西藏為中國領土之一部分」，其主要內容是把中國藏族居住的地區劃為「內外藏」兩部分，「內藏」包括青、甘、川、滇等省，由中國政府直接管轄；「外藏」包括西藏與西康地區，中國政府「承認外藏自治」，「不干涉其內政，而讓諸藏人自理」，「但中國仍派大臣駐拉薩，護衛部隊限三百人」。中國全權代表陳貽範未經請示，即擅自在草約上簽了字。簽字消息公佈後，引起全國各界人士強烈反對，北洋政府乃命令陳貽範拒絕在正約上簽字，並宣佈中國政府對當時及爾後英國同西藏當局簽訂的任何條約或類似性質的文件，一概不予承認，會議以完全破裂告終。

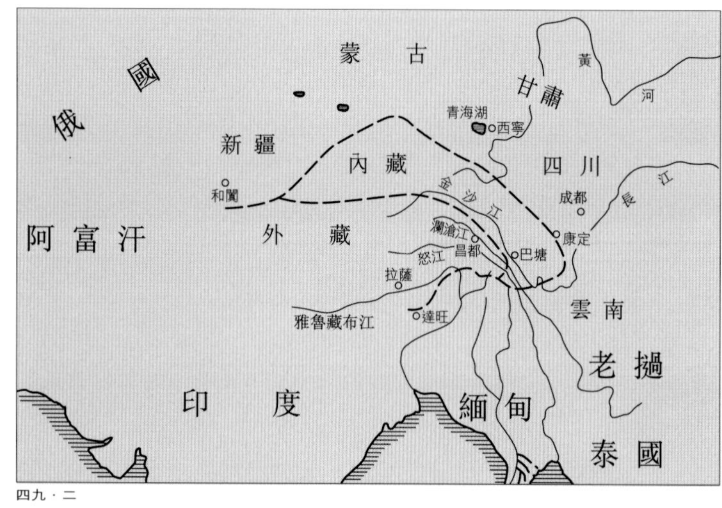

四九・二

四九・三

四九・二 英國代表在西姆拉會議上提出的劃分內、外藏界線簡圖

四九・三 非法的「麥克馬洪線」及其以南的中國領土位置簡圖

*所謂「麥克馬洪線」是英印政府一手炮製的「中印邊界線」。早在一九一三年五月至十一月，西姆拉會議召開前，英國上尉貝爾等受麥克馬洪派遣，沿中印邊境東段的傳統習慣線（沿喜馬拉雅山南麓，鄰接印度阿薩姆平原），到歷來屬於中國西藏地方管轄的門隅、察隅、珞隅三個地區踏勘，繪出比較詳細的地圖，並另行標畫出一條基本上沿着喜馬拉雅山脊，從中國、緬甸接壤處到中國、不丹接壤處的東印「中印邊界線」。西姆拉會議期間，貝爾背着中國中央政府代表，突然向夏扎提交了繪製出的「麥克馬洪線」地圖，要求西藏方面將該線以南的門隅、珞隅、下察隅地區全部劃歸英印所有，而以英國支持西藏獨立並幫助趕走駐昌都等地的川軍為交換條件。西藏地方政府接到夏扎報告後，竟覆函夏扎，同意確認非法的「麥克馬洪線」為印藏邊界線。就這樣，九萬平方公里的中國領土，被英國獲得了非法割佔的藉口。

50

民國政府與西藏的溝通

辛亥革命(公元一九一一年)後，國內局勢發生重大變革，由於英國的挑撥離間，西藏地方與中央政府的關係受到嚴重損害，駐藏辦事長官也被迫離藏。

民國政府成立伊始，即實行「五族共和」的政策，公元一九一二年十月二十八日，當時的總統袁世凱發佈了恢復十三世達賴喇嘛封號的命令，復封為「誠順贊化西天大善自在佛」，並且多次派代表入藏，但均遭英帝阻撓未能成功。十三世達賴晚年已從親歷大小事件中，覺察出英帝覬覦西藏的野心。一九二九年，達賴主動命令他派駐北京雍和宮的堪布（主持）貢覺

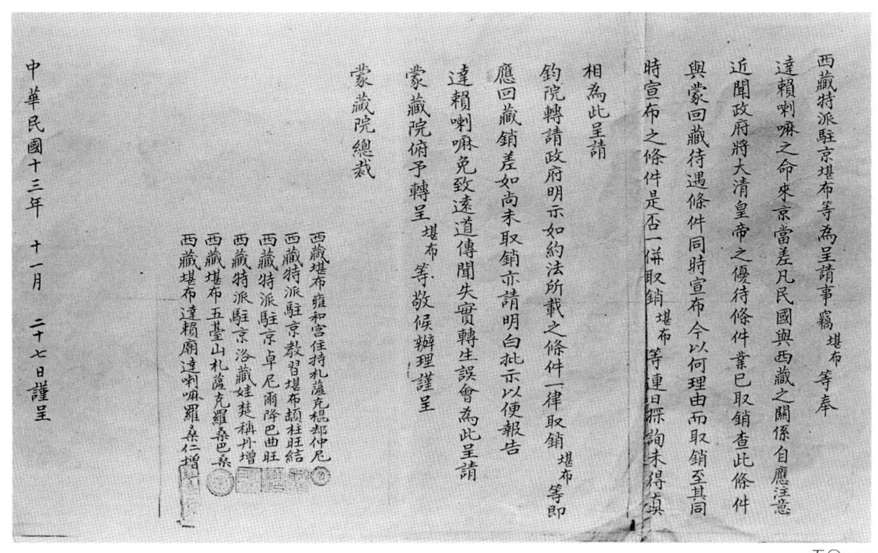

西藏特派駐京堪布等為呈請事竊堪布等奉
達賴喇嘛之命來京當差凡民國與西藏之關係自應注意
近聞政府將大清皇帝之優待條件業已取銷查此條件
與蒙回藏待遇條件同時宣布今以何理由而取銷至其同
時宣布之條件是否一併取銷堪布等連日探詢未得真
相為此呈請
鈞院轉請政府明示如約法所載之條件一律取銷堪布等即
應回藏銷差如尚未取銷亦請明白批示以便報告
達賴喇嘛免致遠道傳聞失實轉生誤會為此呈請
蒙藏院俯予轉呈堪布等敬候辦理謹呈
蒙藏院總裁

西藏堪布雍和宮住持札薩克棍却仲尼
西藏特派駐京教習堪布頡柱旺結
西藏特派駐京卓尼爾降巴曲旺
西藏特派駐京洛藏娃楚稱丹增
西藏堪布五臺山札薩克羅桑巴桑
西藏堪布達賴廟達喇嘛羅桑仁增

中華民國十三年十一月二十七日謹呈

五〇・一

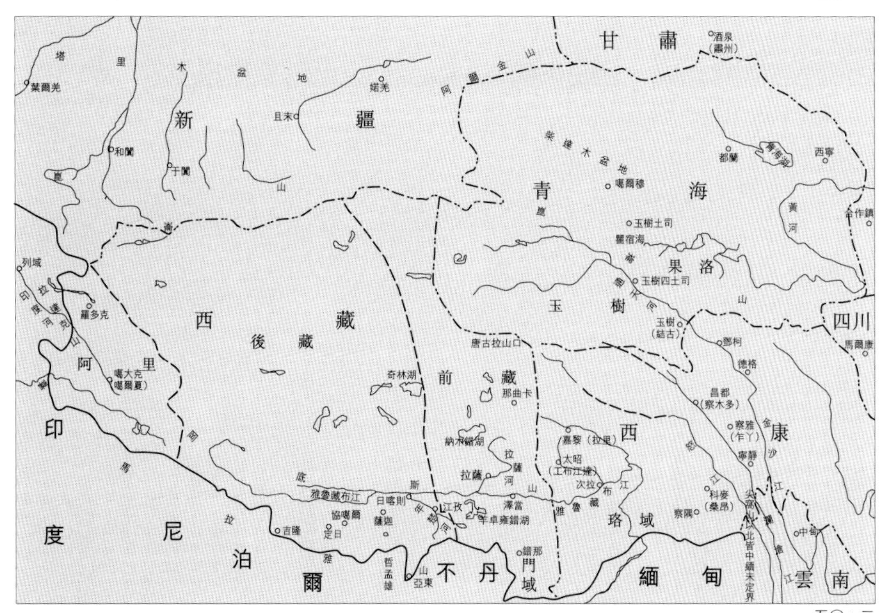

五〇・二

仲尼和派駐五台山的堪布羅桑巴桑，先後到南京謁見蔣介石，表示誠心內向，不親英人，不背中央，願迎班禪回藏。蔣介石等人決定派政府官員入藏，直接同達賴喇嘛會商和請達賴本人或其代表到南京共商國是。經慎重考慮，於同年十二月特派貢覺仲尼攜蒙藏院草擬，擬請達賴答覆的有關如何解決西藏問題的八條意見以及蔣介石給達賴、噶倫擦絨的信等以「赴藏慰問專使」入藏。與此同時，國民政府又派遣文官處在拉薩出生的女職員劉曼卿於同年七月取道西康前往拉薩。

國民政府的代表在拉薩期間受到達賴等人的熱情接見，達賴表示「吾所最希望者即中國之真正和平統一」，「英人對吾確有誘惑之念，但吾知主權不可失」。從此恢復了西藏與中央的直接關係，先後在南京設立了達賴駐京辦事處和班禪駐京辦事處。貢覺仲尼被任命為達賴駐京辦事處總代表。國民政府還設立了蒙藏委員會，專門掌握和處理蒙藏事務。公元一九三三年，十三世達賴喇嘛圓寂，國民政府派黃慕松入藏致祭，追封十三世達賴喇嘛為「護國弘化普慈圓覺大師」，並在拉薩設立了蒙藏委員會辦事處。至此，西藏地方與中央政府的關係日趨正常。

五〇・三

五〇・四

五〇・五

五〇・一（前頁） 公元一九二四年，十三世達賴喇嘛免去他在一九一八年派赴北京的三大寺駐京堪布（主持）、雍和宮主持羅桑策殿職務，改派貢覺仲尼赴京補任，名義為雍和宮堪布，實為達賴喇嘛和噶廈政府駐京代表。圖為貢覺仲尼等給國民政府的呈文。（陳宗烈攝）

五〇・二（前頁） 民國時期藏族地區略圖（參見《西藏簡史》一九八五年版）

五〇・三 南京國民政府的使者劉曼卿女士像。劉氏在公元一九〇六年出生於拉薩，漢藏混血兒，畢業於師範學校，通曉漢語和藏語。一九二九年七月劉曼卿以文官長古應芬名義出使西藏，一九三〇年抵達拉薩，同年三月二十八日和五月五日兩次與十三世達賴見面交談。返回後著有《康藏軺征》一書，圖為書中作者像。（喜繞尼瑪提供）

五〇・四 十三世達賴喇嘛於公元一九三三年圓寂後，國民政府追封他為「護國弘化普慈圓覺大師」，並在拉薩設立蒙藏委員會辦事處。至此，西藏地方與中央政府的關係日趨正常。圖為國民政府追封十三世達賴喇嘛的玉冊。（陳宗烈攝）

五〇・五 圖為十三世達賴喇嘛圓寂後，代表中央政府入藏致祭的特使黃慕松。（《中國西藏》雜誌社資料室提供）

51

十四世達賴的尋訪與認定

公元一九三三年十二月十七日，十三世達賴喇嘛在布達拉宮圓寂後，噶廈按宗教儀軌開始尋訪其轉世靈童。攝政熱振活佛多次請護法神降神，並且前往加查縣境內的拉姆拉錯神湖觀看幻景。次年噶廈派出三隊尋訪人員分路尋訪：委派格桑活佛前往青海訪尋，康色佛前往西康訪尋，普覺佛前往西藏南部訪尋。格桑佛一行到達西寧（青海）後，經過兩年多的時間，才在湟中縣南祁家川一戶與幻景相同的藏族農民家裡，找到一個叫拉木登珠的特異兒童，經檢驗後認為是十三世達賴轉世的靈童。一九三八年冬，西藏地方致電中央，「請派大員入藏，主

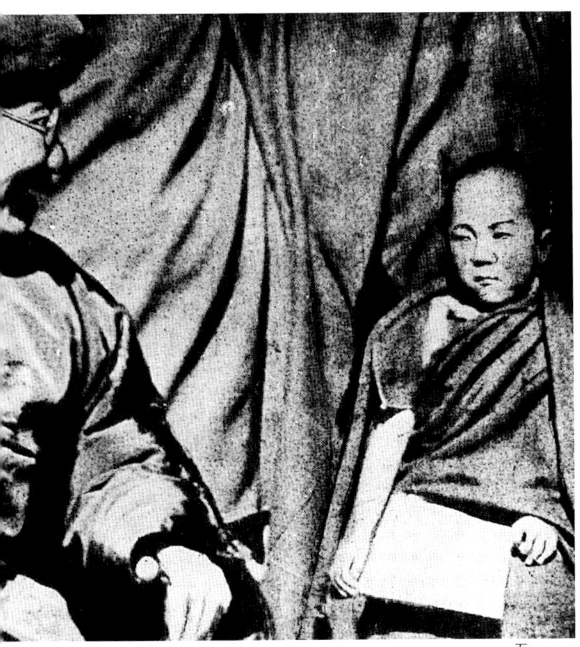

五一・一

五一・二

五一・一 公元一九四〇年二月，國民政府專使吳忠信（左）為十四世達賴喇嘛在布達拉宮主持坐床典禮。（陳宗烈提供）

五一・二 十四世達賴喇嘛丹增嘉措（公元一九三五—），本名拉木登珠，青海湟中人，由格桑活佛等尋訪為十三世達賴喇嘛之轉世靈童。公元一九四〇年經國民政府批准「免予掣籤」，繼任第十四世達賴喇嘛，圖為當時的坐床典禮。（陳宗烈提供）

持抽籤事宜」，國民政府遂令青海省主席馬步芳派兵護送青海靈童入藏，撥護送費十萬，並發佈命令：「特派蒙藏委員會委員長吳忠信會同熱振呼圖克圖主持十四輩達賴喇嘛轉世事宜」。

公元一九三九年三月，國民政府特派吳忠信一行取道印度前往拉薩主持靈童的掣籤坐床。十二月，吳到達拉薩，受到噶廈和僧俗民眾的隆重歡迎。當時他發現只有一個「靈兒」即拉木登珠，並已由熱振剪髮，取法名為丹增嘉措。吳感事關重大，堅持「看視」後致電蒙藏委員會（一九四○年一月二十八日），「請免予抽籤，……准以該靈童拉木登珠繼任第十四輩達賴喇嘛」。二月五日，國民政府批准十四世達賴「免予掣籤」。二十二日，由吳忠信主持，靈童拉木登珠在布達拉宮正式坐床，繼任為第十四世達賴喇嘛。

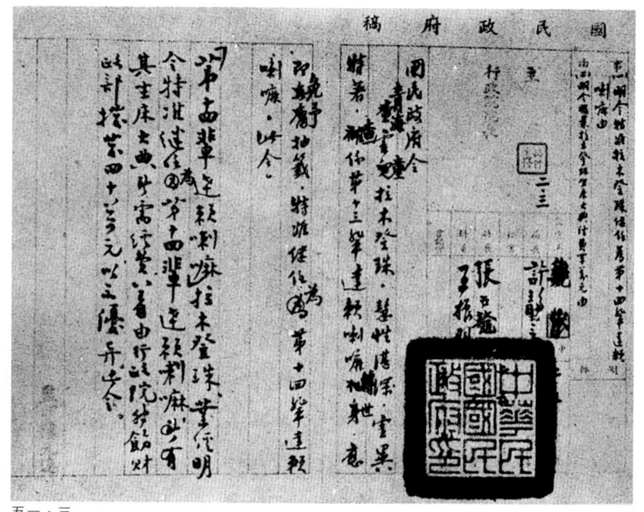
國民政府稿

五一・三

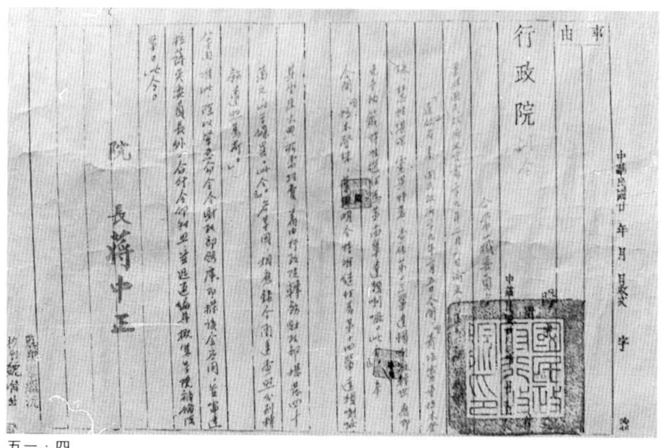
行政院

五一・四

五一・五

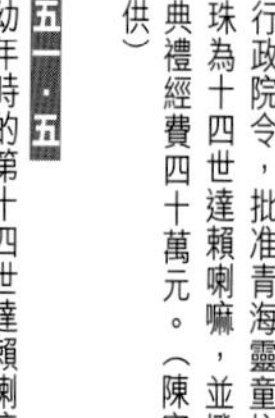

五一・三 國民政府明令拉木登珠繼任第十四輩達賴喇嘛的文件（陳宗烈提供）

五一・四 行政院令，批准青海靈童拉木登珠為十四世達賴喇嘛，並撥坐床典禮經費四十萬元。（陳宗烈提供）

五一・五 幼年時的第十四世達賴喇嘛丹增嘉措（前排），後面是他的父母和弟弟。（陳宗烈提供）

52

熱振活佛被害事件

十三世達賴喇嘛土登嘉措圓寂（公元一九三三年）後，經當時「西藏國民大會」討論，決定在十四世達賴未執政前，特請熱振活佛出任攝政，掌管西藏政教事務。噶廈通過西藏駐京辦事處呈報國民政府中央（公元一九三四年一月二十六日）。一月三十一日，國民政府行政院覆電批准。

熱振活佛出任攝政後，維護統一，力主與中央政府改善關係，曾領導三大寺唸經祈禱中國抗日勝利，周到接待國民政府蒞藏大員，贊同中央政府在藏設立辦事處，受封為「輔國普化禪師」封號，引起英國的不滿，遂策動噶廈內部親英勢力造謠

五二・一

五二・一 熱振活佛（公元一九一二—一九四七年），於十三世達賴圓寂後，出任攝政。由於其與中央政府親近，遭噶廈（西藏地方政府）親英份子攻擊，公元一九四一年被迫提前退休，由其師傅大札代理攝政。一九四七年更遭親英派誣告「謀叛」，暴死獄中。圖為熱振呼圖克圖（左三）和他的隨員們。（德穆活佛攝於一九三五年，旺久多吉提供）

五二・二（後頁） 公元一九三四年，國民政府頒賜西藏攝政——熱振活佛以「呼圖克圖輔國普化禪師」名號，圖為當時的冊文及印章。（陳宗烈提供）

五二・三（後頁） 公元一九三四年，西藏地方政府攝政熱振活佛司倫朗頓給國民政府的呈文。（陳宗烈攝）

毀謗，逼迫他下台。熱振乃於公元一九四一年提出暫行隱退，靜修三年，由其師傅大札活佛代理攝政。大札上台後很快被親英勢力包圍，西藏地方與中央政府的關係急劇惡化。三年期滿，大札不肯讓位，與熱振間的衝突亦白熱化。親英份子為打擊熱振，製造熱振「謀叛」的假證據，噶廈即派索康噶倫等率藏軍二百人，於一九四七年四月十四日趕赴後藏熱振寺，將熱振逮捕帶往拉薩。

熱振被捕入獄後，國民政府曾設法多方營救，色拉寺結扎倉（僧院）喇嘛也組織武裝力量，準備劫獄，結果都歸失敗。公元一九四七年五月七日，熱振活佛暴死於布達拉宮夏青角監獄。激憤的熱振寺僧人群起抗爭，也遭到藏軍血腥鎮壓，熱振寺被洗劫一空，熱振寺所屬的田莊百姓，大部分被作為財產沒收，凡是與熱振有過關係的僧俗官員均遭到流放、監禁，或者撤職，熱振佛的呼圖克圖名號也被噶廈宣佈取消。這就是震驚中外的「熱振事件」。

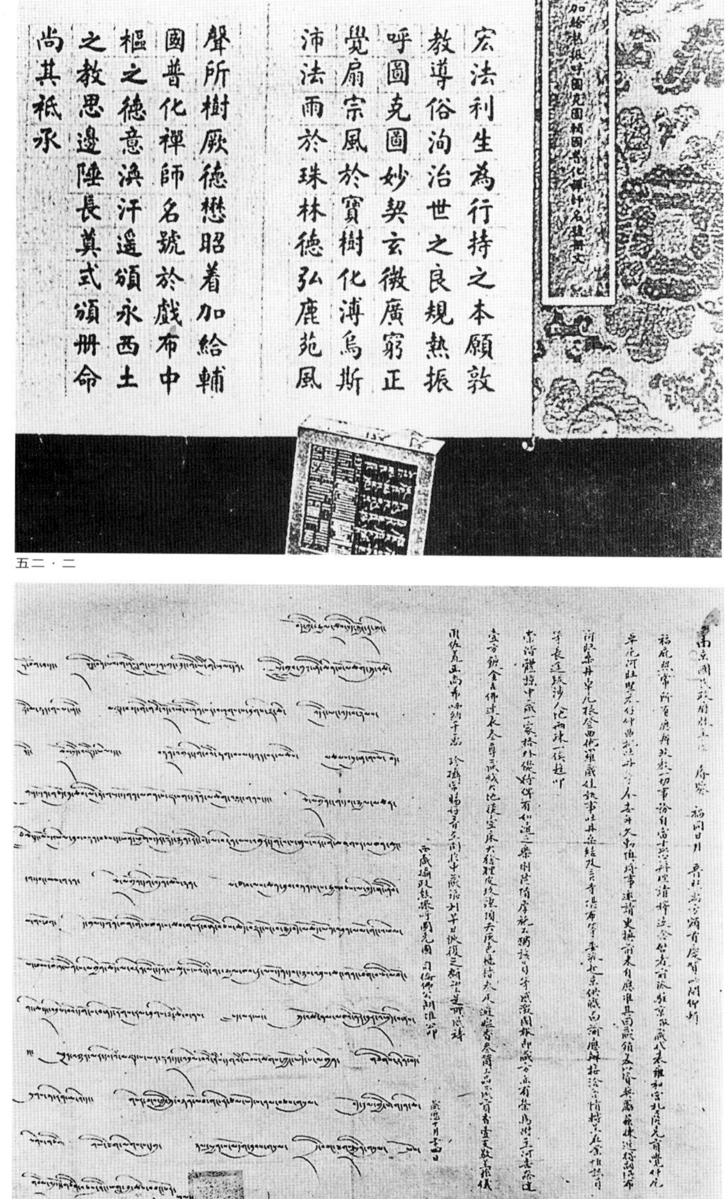

宏法利生為行持之本願敦
教導俗洵治世之良規熱振
呼圖克圖妙契玄微廣窮正
覺扇宗風於寶樹化溥烏斯
沛法雨於珠林德弘鹿苑風
聲所樹厥德懋昭着加給輔
國普化禪師名號於戲布中
樞之德意渙汗遙頒永西土
之教思邊陲長眞式頒冊命
尚其祇承

五二・二

五二・三

53

和平解放西藏和十七條協議

公元一九四九年，中國共產黨領導的人民戰爭取得了決定性的勝利，人民解放軍開始向西南西北挺進，解放西藏已是大勢所趨，勢在必行。為阻止西藏的解放，以攝政大札為首的西藏分離主義勢力於一九四九年七月八日製造了驅逐國民政府蒙藏委員會駐拉薩辦事處官員事件，並組織「親善使團」分赴國外，以表明「獨立」。與此同時，西藏各界僧俗人士發表談話、致電中央，甚至派代表赴京，要求解放大軍進軍西藏，實現統一。第十世班禪額爾德尼於一九四九年十月一日致電毛澤東主席、朱德總司令，要求早日解放西藏，深信「今後人民之

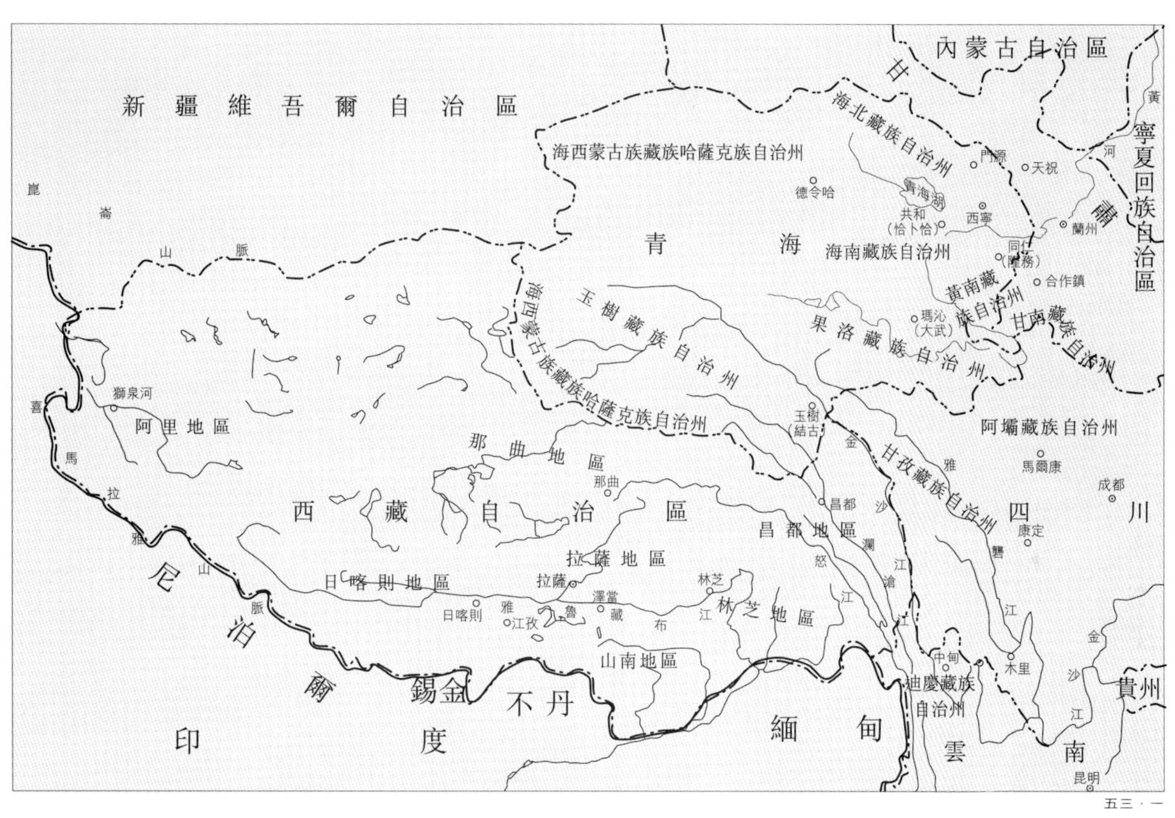

五三·一

五三·二

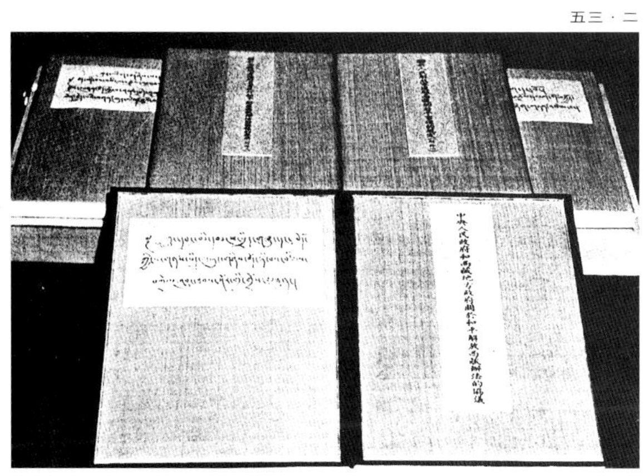

五三·一 藏族地區略圖（參見《中華人民共和國地圖集》一九八四年版）

五三·二 公元一九五一年五月，中央人民政府與西藏地方政府簽署《中央人民政府和西藏地方政府關於和平解放西藏辦法的協議》（簡稱《十七條協議》），主要內容是重申西藏屬於中國，西藏同意解放軍進藏，西藏自治，西藏現行制度、達賴和各級官員地位不變，恢復班禪地位等。圖為該協議的藏漢文版。（陳宗烈提供）

康樂有期，國家之復興有望」。

中央考慮西藏的特殊情形，決定以和平的方式解放西藏。公元一九五〇年五月，中央向西藏地方政府提出了和平談判的十項條件，並多次派人入藏勸說西藏地方政府接受談判，但控制西藏地方實權的攝政大札等人卻拒不接受。一九五〇年十月六日，人民解放軍進藏部隊打響了昌都戰役，二十四日戰事結束。此戰役震動了西藏當局，西藏上層許多人對大札表示不滿，攝政大札被迫下台，一九五〇年十一月十四日，第十四輩達賴喇嘛親政。一九五一年一月二十七日，達賴喇嘛致信中央，表示願意進行和平談判，並派出了和談代表。

西藏地方政府的和平談判代表噶廈政府噶倫阿沛·阿旺晉美等五人於公元一九五一年四月二十六日到達北京，二十九日開始談判。在六輪談判中，雙方代表進行了充份的協商，就許多問題達成了十七條協議，這就是《中央人民政府和西藏地方政府關於和平解放西藏辦法的協議》(簡稱《十七條協議》)。其核心內容為兩方面，一是西藏地方政府堅決脫離帝國主義的影響，積極協助人民解放軍開進西藏，西藏地區的一切涉外事宜由中央人民政府統一處理，西藏現有軍隊逐步改編為人民解

五三·三

五三·四

五三·五

五三·三 《十七條協議》的簽字儀式，在北京勤政殿舉行，由中央人民政府朱德副主席（後排左五）、李濟琛副主席（後左六）和政務院陳雲副總理（後左四）主持。簽字後中央人民政府首席代表李維漢（前右二）和西藏地方政府首席代表阿沛·阿旺晉美（後左三）講話。圖為《十七條協議》的簽字儀式上，中央政府代表簽字。（陳宗烈提供）

五三·四 參加簽訂《十七條協議》的中央政府李維漢等五位代表們的簽名蓋章及西藏地方政府阿沛·阿旺晉美等五位代表的簽名蓋章。（陳宗烈攝）

五三·五 在《關於和平解放西藏辦法的協議》簽字儀式上，西藏地方政府代表簽字。（《中國西藏》雜誌社資料室提供）

五三·六 中國人民解放軍進藏部隊十八軍軍長張國華司令員（時年三十二歲），攝於公元一九五二年。（李九齡攝）

五三·七 公元一九五一年秋，中國人民解放軍根據《十七條協議》到達古城拉薩，圖為入城式。（陳宗烈提供）

放軍；另一方面，中央對西藏內部事務的處理，本着既定的民族政策和西藏的實際情況，採取寬大的政策，進藏人員的經費一律由中央供給；對西藏現行的制度和達賴喇嘛的固有地位不予變更，人民的宗教信仰自由得到充份保證等等。一九五一年五月二十三日關於和平解放西藏辦法的協議在北京中南海勤政殿正式簽字。

五三・六

五三・七

54

十世班禪大師重返西藏

本世紀二十年代，由於達賴、班禪之間的矛盾，導致九世班禪額爾德尼曲吉尼瑪（公元一八八三－一九三七年）於一九二三年十一月五日離開駐錫之地扎什倫布寺，長期居留內地。九世班禪曾請國民政府出面請其返回西藏，但因噶廈政府阻撓而未能成功。公元一九三七年十二月一日九世班禪在青海玉樹寺圓寂。一九四一年經班禪堪布廳按照宗教儀軌，選了出生於青海循化縣的男童宮保慈丹，作為九世班禪的轉世靈童。一九四九年六月，國民政府頒佈命令准予宮保慈丹繼任十世班禪額爾德尼，並免予金瓶掣籤。同年八月十日，國民政府派蒙藏委

五四・一

五四・二

五四・三

員會委員長關吉玉為專使，主持了在青海塔爾寺舉行的第十世班禪額爾德尼的坐床典禮。

中華人民共和國成立以後，班禪堪布廳派人進京，表示願意與西藏地方政府和解。為了促進西藏內部的團結，在中央政府和西藏地方政府簽訂的《十七條協議》中，對班禪的地位也作了明確的規定：「班禪額爾德尼的固有地位及職權應予維持。」「達賴喇嘛和班禪額爾德尼的固有地位及職權，係指十三世達賴喇嘛和九世班禪額爾德尼彼此友好相處時的地位及職權。」公元一九五一年十二月，達賴喇嘛自拉薩打電報給班禪，歡迎他早日啟程返藏，團聚一堂，共同建設新西藏。一九五一年十二月十九日，十世班禪自青海西寧啟程返藏，一九五二年四月二十八日平安到達拉薩。當天下午即赴布達拉宮與十四世達賴喇嘛進行了歷史性的會面，互換哈達，行碰頭禮。一九五二年六月九日，班禪一行取道江孜返回日喀則，於六月二十三日到達扎什倫布寺。至此班禪結束了長期的流亡生活，順利返回了其歷輩班禪的駐錫之地，並開始其新的政治和宗教活動生涯。

五四·四

五四·一 公元一九四一年被選為九世班禪轉世靈童的宮保慈丹（公元一九三八—一九八九年），青海循化縣人，即後來坐床的十世班禪額爾德尼確吉堅贊。（陳宗烈提供）

五四·二 公元一九四九年八月，國民政府派專使關吉玉到青海塔爾寺為十世班禪確吉堅贊（中）主持坐床典禮。（陳宗烈提供）

五四·三 西藏和平解放後，十世班禪自青海啟程返藏。圖為一九五二年六月九日，十世班禪返回日喀則途中，經過雅魯藏布江的情形。當時班禪坐在三個皮筏子連在一起的船上。（李九齡攝）

五四·四 公元一九五二年六月二十三日，十世班禪一行抵達日喀則，日喀則郊區聚集了六萬多人歡迎。有許多僧侶百姓在此等候了一個多月，看見班禪時不少人更痛哭流涕，場面感人。（李九齡攝）

五四·五（後頁） 十世班禪高坐在扎什倫布寺法台上講經，扎什倫布寺為歷輩班禪的駐錫之地，位於西藏第二大城市日喀則。（陳宗烈攝於一九五六年）

五四·六（後頁） 十世班禪大師主持時輪法會的畫像（強巴繪於一九八七年）

五四・五

五四・六

55

川藏和青藏公路

在緊相毗鄰的青海、四川、西藏之間，隔着重重高山、條條激流，直到西藏和平解放之前，西藏還沒有一條公路。從成都到拉薩，一趟要走半年，從拉薩到日喀則也要半個月左右。人民解放軍進藏後，遵照中央「一面進藏，一面修路」的指示，在進軍西藏的同時，負擔起勘探和修築川藏、青藏公路的任務。川藏公路，全長二千二百五十五公里，修築這條公路，要劈開二郎山、折多山、雀兒山等十四座山峰，跨越大渡河、雅礱江、金沙江、瀾滄江、怒江、雅魯藏布江、拉薩河等十多條江河，還有冰川、森林、流沙，工程之艱險舉世聞名。數千

五五・一

五五・二

戰士在近五年的時間內，在這條路上架設橋樑四百三十多座，修涵洞三千七百多個，挖土石方二千九百多萬立方米，先後有三千多名幹部戰士倒在這條路上。人們説，在川藏公路的每一塊里程碑下都長眠着一名戰士。

青藏公路全長二千一百公里，公路平均在海拔四千五百米以上，它要經過青海湖、楚馬爾河等二十五條河流，穿越日月山、崑崙山、唐古拉山等十五座大山，特別是通過五百二十六公里的多年凍土地帶，在這樣的地理條件下築路，在世界公路史上都是罕見的。公元一九五四年十二月二十五日，川藏、青藏公路正式通車，兩隊三百五十多輛汽車披紅掛彩會師布達拉宮廣場。而今西藏不僅有了川藏、青藏公路，還修築了新藏、中尼公路以及區內的七條幹線和七十多條支線，總長二萬零七百多公里，形成了以拉薩為中心的公路網。

五五・三

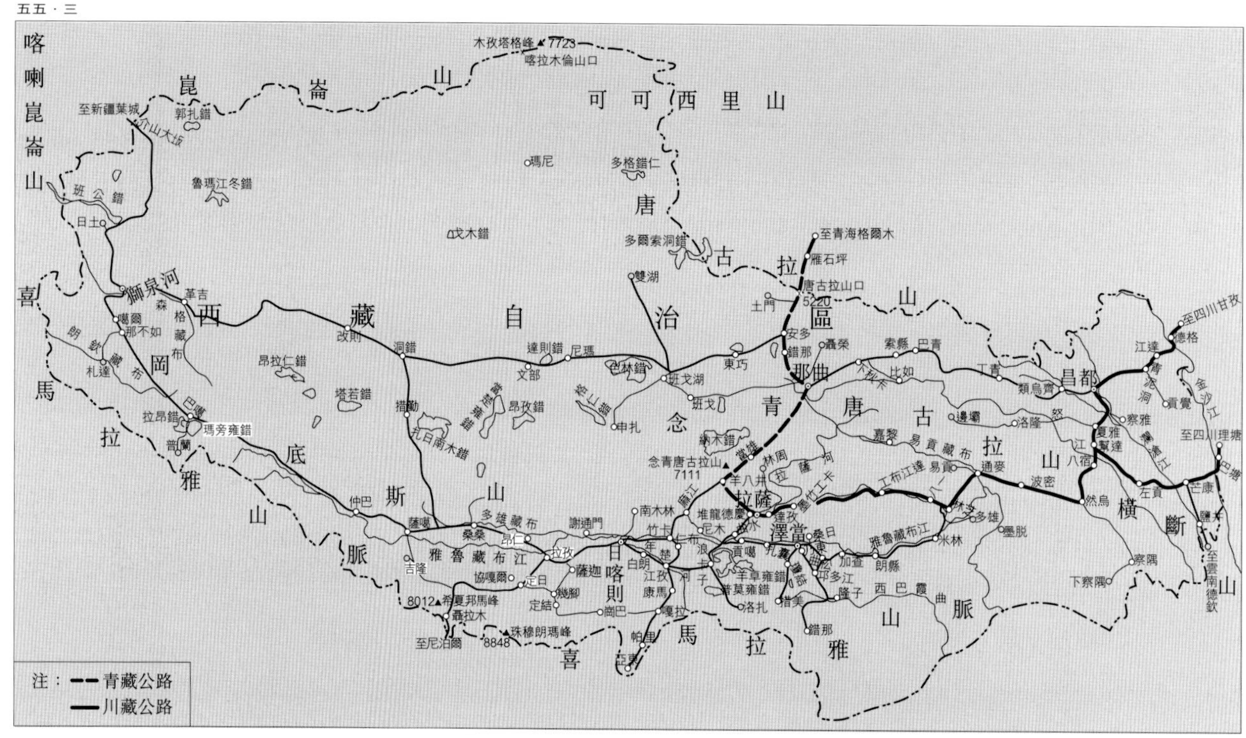

五五・四

五五・一（前頁） 公元一九五四年十二月二十五日，在拉薩舉行的康藏（即川藏）、青藏兩條公路通車典禮。兩隊分別從康藏、青藏公路駛進的汽車在布達拉宮前匯合。（新華社提供）

五五・二（前頁） 盤桓於高山峻嶺間的川藏公路，全長二千二百五十五公里，平均海拔三千米以上，是由眾多「之」字形組成的，相比青藏公路，更為險峻。（陳宗烈攝於一九五七年）

五五・三 西藏自治區公路圖（參見《西藏自治區概況》一九八四年版）

五五・四 青藏公路全長二千一百公里，從青海格爾木段到拉薩，平均海拔四千米以上，這條公路通車後，與川藏公路一起，源源不斷地將物資運進西藏，被藏族人譽為天上彩虹和地上金橋。圖為青藏公路上的運輸車隊。（馮曉霞攝於九十年代初）

56

西藏自治區籌委會的成立

西藏和平解放協議簽訂後，中央任命張經武為中央政府駐西藏代表，於一九五一年六月出發，從海路取道亞東，於八月上旬抵達拉薩，着手進行實施和平解放西藏事宜。十月二十四日，十四世達賴喇嘛致電毛澤東主席，表示西藏地方政府及藏族僧俗人民一致擁護《十七條協議》。

與此同時，中國人民解放軍按照協議規定，分四路向西藏進軍。其中由張國華、譚冠三將軍率領的十八軍，從昌都出發，向拉薩挺進；由范明、慕生忠將軍率領的十八軍獨立支隊，從西寧越過青藏高原，在拉薩會師。一九五

五六・一

五六・一
一九五四年九月，毛澤東主席（中）在中南海勤政殿接見第十四世達賴喇嘛（右）和第十世班禪額爾德尼（左）。（《中國西藏》雜誌社資料室提供）

二年二月十日，中國人民解放軍西藏軍區正式成立，張國華為司令員，阿沛·阿旺晉美為第一副司令員。

中央代表和人民解放軍進藏後，立即開始組織上層人員到內地參觀、訪問，為廣大老百姓防病、治病，發放無息農貸；給修公路、修機場的差民百姓發放工資、實物，改善他們的生活。人民解放軍駐藏部隊還在拉薩西郊的荒灘上開闢七一農場和八一農場，種植糧食和蔬菜，既減輕當地負擔，又起了示範作用。

中央政府按照《十七條協議》的規定，充份尊重達賴喇嘛和班禪額爾德尼的固有地位和職權。一九五四年七月，達賴喇嘛丹增嘉措和班禪額爾德尼確吉堅贊聯袂進京，出席第一屆全國人民代表大會，周恩來總理親自到火車站迎接。會上，達賴當選全國人大副委員長，班禪當選為全國人大常委，稍後被選為全國政協副主席。在此期間，毛澤東主席多次接見達賴喇嘛和班禪額爾德尼，進行親切談話，和他們一起過藏曆新年，並且親自趕到達賴喇嘛住地為他送行，使達賴及其隨行倍受感動。

一九五六年四月二十二日到五月一日，西藏自治區籌

五六·二

五六·三

五六·二 公元一九五四年七月，達賴喇嘛和班禪額爾德尼赴京參加第一屆全國人民代表大會，受到毛澤東主席親切接見。在這次人大代表會上，達賴喇嘛當選為全國人大常委會副委員長。圖為達賴喇嘛（右）在第一屆人代會上參加投票選舉。（陳宗烈提供）

五六·三 一九五六年四月二十二日，西藏自治區籌備委員會正式成立。中央代表團團長陳毅副總理在成立大會上講話，西藏地方政府的僧俗官員和各族各界人士出席成立大會。（李仲魁攝於一九五六年）

五六·四 西藏自治區籌備委員會成立期間，中央代表團團長陳毅副總理（中）與第十四世達賴喇嘛（左）和第十世班禪（右）在洛登林卡交談。（李仲魁攝於一九五六年）

備委員會成立大會在拉薩隆重舉行，國務院副總理陳毅率領中央代表團專程到拉薩祝賀。大會選舉達賴喇嘛為主任委員，班禪額爾德尼為第一副主任委員，張國華為第二副主任委員，阿沛·阿旺晉美為秘書長，陳毅元帥代表國務院將西藏自治區籌備委員會的印誥授予達賴喇嘛。十一月，達賴喇嘛和班禪額爾德尼應印度政府的邀請，參加釋迦牟尼涅槃二千五百周年紀念活動；一九五九年二月，在拉薩大照寺舉行的傳召大法會上，十四世達賴喇嘛獲得了拉讓巴格西的佛學學位。

五六·四

五六・五

五六·六

五六·五
公元一九五九年二月二十一日，十四世達賴喇嘛在拉薩傳召大法會上進行了「格西」學位的最後考試，獲取了「拉讓巴格西」（最高的格西學位）。當天，達賴喇嘛要同拉薩三大寺以及其他各寺廟的活佛、堪布（主持）、喇嘛等進行佛教中五大部經典的辯論。（新華社提供）

五六·六
乃窮為拉薩哲蚌寺前護法神殿（乃窮寺）專司降神問卜的僧人，西藏地方政府每逢重大決策，都請乃窮降神，預卜吉凶。圖為達賴喇嘛（左背影）在哲蚌寺法會上聽乃窮（戴帽者）降神諭。（陳宗烈攝於一九五六年）

一九五九年的叛亂和流亡

公元一九五九年三月十日，西藏地方政府公開撕毀了《十七條協議》，發動了武裝叛亂。其實在《十七條協議》簽訂不久，少數主張西藏獨立的人就蓄意撕毀協議。例如一九五二年地方政府司曹魯康娃等就支持一個所謂議會組織「人民會議」，提出修改《十七條協議》，解放軍撤出西藏等要求，一九五四年他們又阻止達賴去北京參加第一屆全國人民代表大會，並在康區組織武裝叛亂。一九五六至一九五九年，在川藏、青藏公路上不斷有襲擊解放軍車隊的事件發生。

公元一九五九年三月十日，叛亂份子藉口不知道達賴喇嘛

五七·一

五七·一 公元一九五九年西藏叛亂平息後，叛亂份子向人民解放軍交出武器投降。（宗子度攝於一九五九年）

五七·二 公元一九五九年三月十日，西藏發生武裝叛亂。三月二十日，中國人民解放軍奉命平息叛亂；三月二十八日，中央解散西藏地方政府，叛亂平息。圖為解放軍駐藏部隊，正向放下武器的叛亂份子發放回家去的路費。（陳宗烈攝於一九五九年六月）

要去西藏軍區看戲的事，以保護達賴喇嘛為名，糾集一些人，張貼佈告，聚眾鬧事，他們打開軍械庫，把槍枝彈藥發給叛亂份子。此後三天，他們圍攻機關學校，威脅幹部學員並限期自首；他們破壞公路、橋樑、水閘，砍斷電線桿和電線；又燒毀中央駐西藏的機關駐地等等。

當時達賴喇嘛於三月十一、十二和十六日分別給西藏工委書記譚冠三覆信三封，説「反動份子正藉口保護我的安全而進行危害我的活動，對此我正設法進行平息；他們的這種行為使我無限憂傷……」三月十七日，達賴喇嘛從羅布林卡渡過拉薩河向山南出逃。三月二十日解放軍開始平叛，三月二十八日，中央政府宣佈解散西藏地方政府，命令駐藏人民解放軍迅速平息叛亂。達賴喇嘛到達印度後，於四月十日發表了鼓吹「西藏獨立」的《達賴喇嘛聲明》，説要恢復一九五一年以前西藏的獨立地位。中央對達賴採取了耐心等待的態度，在一九六四年十二月以前一直保留着他全國人大副委員長的職務，但他長期居住印度，並公開組織流亡政府，在分裂國家的道路上越走越遠。

58

土地改革和解放農奴

公元一九五九年民主改革前的西藏社會制度，是政教合一、僧侶貴族掌權的封建農奴制度。在這種制度裡佔總人口不到百分之五的農奴主佔有百分之九十五的土地和農奴、奴隸；而佔總人口百分之九十以上的農奴，則沒有土地所有權，他們人身依附於農奴主，其收入的絕大部分亦為農奴主所有，近百萬的農奴生活在極端貧困之中。

西藏自治區籌委會於一九五九年六月二十八日召開了第二次全體會議，通過了《關於進行民主改革的決議》，並於第二次會議通過了《西藏地區減租減息的辦法》，對

五八·一

五八·一 公元一九五九年秋天，西藏實行民主改革，從前的農奴得以脫離農奴主，獲得人身自由。圖為工布江達縣的農奴正在焚燒地契、債約。（陳宗烈攝於一九五九年）

參加叛亂的領主的土地實行誰種誰收，宣佈解放農奴主的家奴「朗生」，和廢除農奴對農奴主的人身依附關係。對未參加叛亂的農奴主實行地租二八分成。在自治區籌委會第三次會議上，又通過了《關於廢除封建農奴主所有制實行農民土地所有制的決定》、《關於西藏土地制度改革的辦法》以及牧區民主改革的規定。

至此西藏的民主改革轟轟烈烈的開展起來，農奴們領取了屬於自己的土地證，廢除人身依附，並將所有的債務全部廢除。此外還進行了寺廟的改革，對未參加叛亂的農奴主進行贖買。西藏的民主改革歷時兩年完成，從此，西藏的社會面貌煥然一新。

五八・二

五八・三

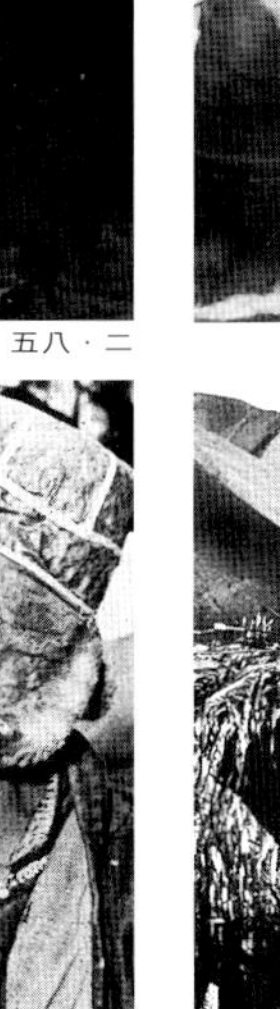
五八・四

五八・五

五八・二 公元一九六〇年，堆龍德慶的農民第一次行使選舉權——選舉自己信賴的人當鄉長。（陳宗烈攝）

五八・三 圖為當了三十年馬夫的洛桑分到一匹馬和一頭驢（陳宗烈攝於一九五九年）

五八・四 西藏自治區籌委會通過土地制度改革的決定，把原來農奴主的土地分給農奴們。圖為拉薩市東郊蔡公堂鄉的農奴分得了土地，並領取了土地證。（陳宗烈攝於一九五九年）

五八・五 西藏乃東縣結巴鄉的「朗生（即奴隸）互助組」，團結互助，自力更生，努力發展生產，成為全自治區翻身農奴的榜樣。左一為全國勞動模範次仁拉姆。（陳宗烈攝於一九六〇年）

59

西藏自治區的成立

西藏自治區籌備委員會是公元一九五六年四月成立的，當時同西藏地方政府並存，是一個帶有協商性質和擁有實權的機構。其成立後建立了基巧（相當於地區性行署）和宗（相當於縣，包含獨立莊園）兩級辦事處，並在培養民族幹部、發展西藏經濟和文化教育方面作了一些工作。一九五九年平息叛亂以後，籌委會開始行使西藏地方政府職權，建立各級地方人民政權和西藏地方公檢法機構，大力培養民族幹部，為自治區的正式成立打下基礎。

公元一九六五年九月一日，拉薩召開了西藏首屆人民代表

五九・一

五九・二

五九・三

五九・一 根據公元一九五一年簽署的《關於和平解放西藏辦法的協議》中西藏自治的條文，一九五六年五月，西藏自治區籌委會成立，與當時的西藏政府並存。圖為位於布達拉宮南側的自治區籌委會辦公大樓。（陳宗烈攝於一九五六年）

五九・二 圖為慶祝西藏自治區成立的遊行隊伍，手執麥穗的農民來自拉薩郊區納金鄉。（馬競秋攝於一九六五年）

大會，出席大會的代表三百零一名，其中藏族代表二百二十六名，漢族、門巴族、珞巴簇、回族、納西族、怒族和其他民族代表七十五人，代表中絕大多數都是以前的農奴和奴隸，也有一部分上層人士和宗教界人士。在九月一日的開幕式上，宣讀了中共中央、國務院、中共中央主席毛澤東和國家主席劉少奇熱烈祝賀西藏歷史上第一次人民代表大會的召開，並祝賀西藏自治區成立的賀信。

大會還討論了自治區人民委員會的候選人人選，產生了西藏自治區人民委員會。阿沛·阿旺晉美當選為自治區人民委員會主席，周仁山、帕巴拉·格列朗杰、郭錫蘭、協繞頓珠、朗頓·貢噶旺秋、崔科·頓珠才仁、生欽·洛桑堅贊當選為副主席，達瓦、仁欽索朗、扎西平措等三十七人當選為自治區人民委員會委員。九月九日，西藏自治區第一屆人民代表大會在通過一系列決議後閉幕，宣告西藏自治區正式成立。這標誌藏族和各族人民自己管理西藏的新的歷史時期的到來。

五九·四

五九·三 公元一九六五年九月九日，拉薩各界三萬多人集會慶祝西藏自治區成立，集會後舉行了盛大遊行。（金持之攝）

五九·四 公元一九六五年九月一日，西藏第一屆人民代表大會在拉薩舉行，標誌着西藏新的歷史時期的到來。九月八日，大會選舉產生了自治區人民委員會，阿沛·阿旺晉美當選為自治區人民委員會主席。圖為大會表決時的場景，大會於九月九日閉幕。（金持之攝）

60

「文化大革命」在西藏

公元一九六六年，隨着中央「五·一六」通知和《關於無產階級文化大革命的商定》的下達，「文化大革命」在全國發動起來了，西藏也不例外。一九六六年六月上旬，緊接着「炮轟自治區」的第一張大字報，「文化大革命」在西藏迅速蔓延。

西藏的社會發展和經濟建設在「文化大革命」中受到嚴重影響，主要是：第一，破壞了中央為西藏工作制定的一系列正確政策，影響了西藏各項事業的發展，打倒了一批優秀的民族領導幹部，使民族區域自治政權受到了很大

六〇·一

六〇·二

六〇·一 公元一九六六年開始的「文化大革命」，西藏無可避免地也受到波及。許多藏漢幹部、佛教僧侶、上層人士和藏漢族知識份子都受到衝擊，文物古跡遭到破壞，民族文化受到摧殘。圖為一九六八年慶祝自治區革命委員會成立而舉行的遊行集會。（新華社提供）

六〇·二 文革期間被破壞的甘丹寺，現正在修復中。（強巴攝於一九九七年）

六〇·三 文革期間的一個群眾集會（陳宗烈攝於一九六九年）

六〇·四 在七十年代初建成的西藏林周虎頭山水庫（陳宗烈攝於一九七五年）

的損害。第二，由於違背客觀的自然規律和經濟規律，脫離西藏半農半牧區的現實，盲目開墾草場、牧場種植，影響了牧業和副業，破壞了西藏傳統的農牧結合的結構；盲目修建了一些「無米之炊」和技術不過關的工業企業，反將一些民族手工業當作資本主義尾巴割掉。第三，和全國各民族的傳統文化一樣，西藏的許多寺廟和歷史文物古跡、佛教經典、文化藝術資料在「文革」中受到損毀，民族傳統文化受到損失。

但是，即使在「文革」的動亂之中，位處西南邊陲的西藏，其邊防仍然得以鞏固；而國家在很困難的情況下，仍然沒有中斷對這一地區的社會發展給予人力、物力、財力等方面的支持，如雅魯藏布江上的崗嘎大橋、滇藏公路、林周縣虎頭山水庫等一批項目都是在此期間完成的。另外，一批農奴的後代被送去學習深造，新一代民族知識份子的隊伍此時初步形成。

六〇・三

六〇・四

61

八十年代的兩次西藏工作座談會

公元一九八〇年三月，中共中央召開了第一次西藏工作座談會，提出了在新的歷史條件下，以藏族幹部和人民為主體，發展國民經濟，提高各族人民的物質生活和建設文明、富裕、團結的新西藏。

公元一九七六年粉碎「四人幫」以後，西藏已做了一些撥亂反正的工作，但是這次會議提出進一步落實政策，大刀闊斧地處理一大批歷史遺留案件和「文化大革命」的冤假錯案；全面貫徹新時期的政策，為一千多名民族宗教界人士安排工作，落實政策；全面執行宗教信仰自由政

六一・一

六一・二

六一・三

六一・一 中國領導人鄧小平在一九八七年六月於會見美國前總統卡特時，發表了「立足民族平等，加快西藏發展」的著名談話。圖為他與西藏人大主任熱切交談。（陳宗烈攝於八十年代中）

六一・二 圖為修復後的甘丹寺（拉薩市提供，攝於一九九七年）

策，維修並開放寺廟，恢復民族宗教節日。

在生產上，從西藏的實際出發，採取特殊政策讓農牧民休養生息，發展生產，治窮致富。其政策歸納為四個字「放、免、減、保」。放，即放寬政策，從公元一九八〇年開始，政府不再下達指令性生產計劃和種植計劃；免，同年開始西藏範圍內免徵農牧業稅；減，減輕農牧民負擔，連民辦小學的全部經費也由國家承擔；保，保證必要的供應。六月二十日，西藏人民政府以公告的形式，將這些方針政策公諸於眾，頒佈實行。

公元一九八四年二月，中共中央召開了第二次西藏工作座談會，着重研究西藏的經濟建設問題，決定由北京、上海、天津、江蘇等九省市，幫助西藏建設四十三項中、小型工程項目。

六一·四

六一·五

六一·三 「文化大革命」後，西藏的民族宗教節日得到恢復。圖為薩嘎達瓦節（藏曆四月十五日）期間，信徒們在繞藥王山轉經。（《中國西藏》雜誌社資料室提供）

六一·四 從公元一九八〇年召開第一次西藏工作座談會開始，中央政府在西藏採取了讓農民休養生息，發展生產的政策，使當年西藏的糧食總產量達到了一點一億斤。圖為拉薩市郊收穫的場景。（陳宗烈攝於一九八〇年）

六一·五 公元一九八〇年後，西藏調整了重農輕牧的政策，除了在牧區實行各種形式的生產責任制外，還從國內外陸續引進各種優良畜禽四十多種。圖為優質細毛綿羊。（陳宗烈攝於一九八一年）

62

宗教活動的恢復和寺廟維修

隨着宗教信仰自由政策的落實，西藏各教派寺廟得以維修和開放，宗教活動重新活躍起來。國家先後撥款兩億多元人民幣，對藏傳佛教各教派的代表性寺廟，如大昭寺、扎什倫布寺、薩迦寺、夏魯寺、桑耶寺、孝登寺等，進行了全面或重點維修。公元一九八九年，國家撥款五千多萬元人民幣，對拉薩布達拉宮進行大規模維修（一九九四年八月竣工）；撥款二千萬元人民幣維修格魯派祖庭甘丹寺（一九九七年十月已告竣）。與此同時，西藏許多其他著名寺廟如哲蚌寺、色拉寺、熱振寺、楚布寺、直貢

六二・一

六二・二

六二・三

寺、強巴林寺、類烏齊寺、察雅寺、多吉扎寺、敏珠林寺、桑頂寺、桑嘎古朵寺、白居寺、喇嘛林寺、托林寺等，都進行了不同程度的修繕。

西藏先後開放了一千七百多所寺院和神廟等宗教場所，在寺廟修行的僧尼達到四萬多人，基本滿足了信教群眾的宗教信仰需要。許多藏人家裡都設有佛龕、佛堂，他們可以在家裡祈禱唸經，也可以到寺廟裡去燒香、朝佛、布施，或者把僧人請到家裡做佛事。每逢到宗教節日，八廓街上都是轉經的信徒，桑煙從香爐中冉冉升起，磕長頭的人在大昭寺前此起彼伏，許多家庭的屋頂上都插有經幡。

拉薩的傳召大法會從公元一九六六年停止，至一九八六年已重新恢復。一九八六年的藏曆新年，拉薩三大寺以及拉薩附近寺廟的數千僧人齊聚大昭寺，舉行長達二十一天的宗教活動，每天六次的誦經聚會，其誦經聲浪似大海波濤，震撼人心。各級政府都發放了布施。恢復了通過辯經活動公開考核格西（佛學學位）的傳統，色拉寺高僧益西旺久等六位僧人在一九八六年獲得拉讓巴格西（通過傳

六二・四

六二・五

六二・一 正在維修中的薩迦派主庭薩迦南寺，建於公元十三世紀。（陳宗烈攝於八十年代末）

六二・二 布達拉宮的金頂共有七座，差不多每一世達賴靈塔的頂層都立有一座金頂。圖為將七世和十世達賴喇嘛靈塔金頂拆下來清洗拋光，然後重新組裝的情形。（布達拉宮維修辦公室提供）

六二・三 八十年代末布達拉宮開始大規模維修，從考察到維修完工歷時十年。圖為公元一九八九年十月十一日，維修破土動工前按照宗教儀軌進行的誦經祈禱。布達拉宮是七世紀吐蕃王朝的始創人松贊干布始建的。（布達拉宮維修辦公室提供）

六二・四 布達拉宮外觀十三層，高一百一十五點四米，分白宮、紅宮，白宮是達賴喇嘛生活起居和政治活動的地方，外牆刷白色。紅宮是歷代達賴喇嘛的靈塔殿和各類佛殿，外牆刷紅色。圖為維修工程中紅宮南側的維修架。（馬軍攝於一九九三年）

六二・五 在扎什倫布寺西側的強巴佛殿內，供奉有鍍金銅佛強巴（彌勒佛），高二十六點二米。該佛像建於公元一九〇四年，共耗黃金六千七百兩、銅二十三萬斤，一九八五年由第十世班禪確吉堅贊主持為強巴佛更換新袈裟，共用去綢緞三千一百多米。（金耀文攝於九十年代初）

召大法會取錄的格西）稱號。正月十五之夜的酥油燈會更是熱鬧非凡，正月二十四日強巴佛巡遊八廓街，意為佛光普照大地，傳召大會圓滿結束。除了全區性的宗教活動外，各個寺院的宗教法會如薩迦寺雅羌姆和貢羌姆神舞節、扎什倫布寺西莫欽布大法會、熱振寺的帕奔唐廓轉神魂磐石、桑耶寺的奪底曲巴神舞節、蔡貢塘寺的梅朵曲巴大法會、楚布寺的跳神會等等都先後恢復了，每逢一個寺院舉行宗教活動，都如盛大節日，吸引着一方群眾朝覲和觀瞻。

六二・七

六二・六（前頁）位於日喀則的扎什倫布寺目前有僧人七百八十多名，其中三百名是公元一九八二年以後入寺的，當中包括學僧一百人。圖為宗教法會上的扎什倫布寺僧人。（旺久多吉攝於八十年代中）

六二・七 金剛神舞為藏傳佛教密宗舞蹈藝術，不同的教派和不同的寺院有不同的傳承。薩迦寺的金剛神舞分夏季神舞和冬季神舞兩種，圖中為夏季神舞中的黑帽咒師舞。（張鷹攝於一九九五年）

63

藏族傳統文化的搶救

藏族的傳統文化在「文化大革命」中遭到了很大的破壞，為了搶救和整理藏族傳統文化，從本世紀八十年代初開始，西藏開展了一連串大規模的搶救行動，例如保存、整理和研究著名長篇英雄史詩《格薩爾王傳》。《格薩爾王傳》一直作為口頭說唱藝術在民間流傳，說唱藝人通過優美的曲調，唱述格薩爾坎坷的身世和赫赫戰功。成立了專門收集、整理出版《格薩爾王傳》的機構，現已收集的錄音帶達數千盤，出版的藏文版《格薩爾王傳》近七十部，發行量達三百多萬冊。此外，西藏的民間文學、戲

六三・一

六三・一 《格薩爾王傳》一直以說唱的形式流傳於民間，在藏東藏北一帶每次藝人說唱這首長篇英雄史詩，都會吸引大批牧民趕來圍觀。圖為藏族老藝人阿達在那曲賽馬會上說唱《格薩爾王傳》。（《中國西藏》雜誌社資料室提供）

劇、音樂、舞蹈的收集整理工作也卓有成效，《西藏民歌集成》、《西藏民間故事集成》、《西藏諺語集成》、《西藏音樂集成》、《西藏舞蹈集成》、《西藏戲劇志》、《西藏曲藝志》等經過緊張的工作，已先後出版。藏族的傳統繪畫、雕塑等藝術也隨着寺廟等古建築的修復而得到了重新宏揚，老工匠老藝人帶出了一批批徒弟傳承其絕藝。

為加速藏學研究的步伐，西藏建立社會科學院等八個研究機構，北京和其他藏區也建立了二十多個藏學研究機構，如中國藏學研究中心、四川藏學研究所等。這些機構進行了多次大規模的社會調查和古籍整理工作，現已整理出版了三百多種、上百萬冊藏族典籍、名著、資料和歷史文獻，對藏文大藏經進行了校勘和作了梵文貝葉經研究整理工作，並舉行了多次高水平的藏學研討會和有影響的國際學術交流會議。創辦了《西藏研究》、《中國藏學》、《中國西藏》、《西藏民俗》、《西藏佛教》等十多種藏學刊物，培養和湧現了一批以藏族學者為主的藏學研究人才。

藏醫藏藥是藏族傳統文化中的一個重要組成部分，近年來國家先後投資數千萬元人民幣發展藏醫藏藥。自治區

六三・二

六三・三

六三・四

六三・二 一位雕刻師傅在雕刻一尊神像（杜澤泉攝於一九八三年）

六三・三 西藏人民出版社八十年代以來出版了大量藏文古籍，圖為他們出版的部分藏文書籍。（高國鎔攝於一九九一年）

組織了一批經驗豐富的老藏醫，先後整理出版了二十多種、上百萬冊的藏醫古籍，其中重印的《四部醫典系列掛圖全集》具有很高的科研、臨床價值。對一千多種藏藥的定量定性分析使古老的藏藥走上了標準化、科學化的道路，在藏藥的研製和治療上取得了令人矚目的成績。藏曆作為傳統曆法一直沿用下來，自治區每年都要編印藏曆，供人們使用，自治區還成立了天文曆算研究所。藏族傳統文化的價值已為越來越多的人所認識和珍視。

六三・四 石匠們在拉薩藥王山的石板上雕刻經文（趙建偉攝於一九九七年）

六三・五

六三・六

六三・五 西藏石刻有着悠久的傳統，在西藏的山間、路口、江畔都可以看到一座座石塊或石板疊成的祭壇，這些都是藏族民間藝術家的傑作。圖為工匠們正在修復藥王山上的石刻佛像。（馬競秋攝於八十年代末）

六三・六 每年藏曆七月初，拉薩人都要在羅布林卡歡度雪頓節，「雪」意為酸奶，「頓」為奉獻，即奉獻酸奶的節日。八十年代後，西藏各種傳統節日先後恢復，圖為在雪頓節上演的藏戲。（陳宗烈攝於八十年代末）

六三・七 布達拉宮壁畫：跳神舞。（《中國西藏》雜誌社資料室提供）

六三・八 西藏繪畫：和睦四友圖。主要表現大象、猴子、兔子、小鳥在森林中和睦相處的情境。這類圖畫係繪刻在藏族家庭的門牆上，有「家和萬事興」的意思。（《中國西藏》雜誌社資料室提供）

六三·七

六三·八

64

四次西藏人口普查

公元一九九○年在全國第四次人口普查中，西藏進行了有史以來第一次最全面的人口普查。近四十年中，全國的人口普查大約進行過四次，第一次在一九五三年，西藏和昌都地區都未進行普查登記，只據當時的噶廈政府估報，是一百二十七萬人；一九六四年普查時正值西藏自治區成立前夕，沒來得及進行普查，所得數據也是估計的；一九八二年人口普查時，西藏才對戶數、人口、性別、年齡、民族、文化程度等項進行了登記，但邊遠地方仍有少數沒有直接普查，其結果藏族人口數是一百七十八萬六千

民族	1953年	1964年	1982年	1990年	1953－1964		1964－1982		1982－1990	
					平均增長		平均增長		平均增長	
					萬人	%	萬人	%	萬人	%
全國	58260.34	69458.18	100817.53	113368.25	1017.99	1.62	1742.17	2.09	1568.84	1.48
少數民族（合計）	3532.04	3988.39	6729.52	9120.00	41.49	1.11	152.29	2.95	298.81	3.87
全國藏族	277.56	250.12	387.40	459.33	－2.49	－0.95	7.63	2.46	8.94	2.15

資料來源：1. 一九五三年、一九六四年為《中國人口統計年鑒》，一九九○年國家統計局人口司編。
2. 一九八二年、一九九○年為《中國第四次人口普查的主要數據》，一九九一年中國統計出版社。

六四・一

地區 %	藏族	漢族	其他民族
拉薩市	87.20	11.95	0.85
昌都地區	98.29	1.40	0.31
山南地區	97.66	2.04	0.30
日喀則地區	98.73	0.90	0.37
那曲地區	98.96	1.01	0.03
阿里地區	98.50	1.33	0.17
林芝地區	81.47	10.58	7.95

六四・二

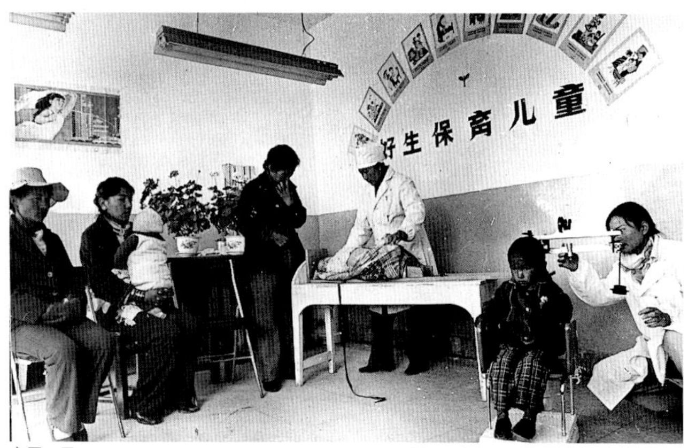

六四・三

六四・四

六四・一 公元一九五三至一九九○年中國全國與少數民族、藏族人口的數據表，表內數字以萬人為單位。

六四・二 公元一九九○年第四次全國人口普查中，有關藏族和西藏人口民族構成的數據。從表內比例看到，藏族佔西藏各地區總人口平均百分之九十四以上。

六四・三 西藏的婦女、兒童佔當地人口的百分之六十六，為保障他們的健康，西藏在公元一九八五年以來在拉薩、山南、日喀則、那曲、昌都、林芝、阿里七個地市，建立了市級婦幼保健院；此外，二十多個縣也建立了縣級婦幼保健院。圖為拉薩婦幼保健站在為兒童作常規檢查。（《中國西藏》雜誌社資料室提供）

六四・四 西藏托幼工作起步於五十年代。公元一九八○年後在政府的扶持下，許多地方辦起了民辦托兒所、幼兒園，僅江孜縣就有民辦托兒所二十四個。目前全西藏有公辦幼兒園四十所。圖為拉薩一所幼兒園的孩子在龍王潭公園裡玩耍。（馬競秋攝於九十年代初）

六四・五 據第四次人口普查統計資料分析，西藏人的平均期望壽命已由和平解放前的三十多歲上升到六十二歲。圖為西藏一位老壽星。（多吉占堆攝於八十年代中）

六四・六 根據公元一九九○年全國人口普查的資料，西藏家庭生育孩子的數目偏高，百分之七十五的家庭是生育一個孩子以上的。由於是民族自治區，西藏並沒有像內地一樣，推行一胎化生育政策。圖為西藏人民醫院的嬰兒室。（土登攝於一九九○年）

五百人；到一九九○年，西藏的人口總數約為二百一十八萬人，其中藏族人口約為二百零九萬人，約佔西藏總人口的百分之九十六。

根據公元一九九○年的調查可以看出，西藏人口中男性與女性的人口比例為四十九點三五比五十點六五，女性多於男性，屬正常範圍的偏低水平。其年齡構成類型正處於年輕型向成年型過渡階段。由於沒有在農牧區實行計劃生育，其狀況和人口發展較接近自然狀況，比如一九八九年西藏的婦女所生育的孩子中，一到四孩分別佔百分之二十五、百分之二十、百分之十五和百分之十二，五孩以上的約佔百分之二十八，可以看出生育水平高是普遍現象。一九九○年的普查表明藏族人口的死亡率在下降，藏族平均預期壽命為六十二歲，在其人口生活在平均海拔四千米的地方而言，這樣的壽命相對是很高的。在文化程度上，一九九○年的數據表明，與一九八二年相比，每千人中有大學程度的由二人增到四人，中學由四十三人增到六十七人，小學由一百六十五人增到一百九十四人。十五歲以上的成人文盲率，則由一九八二年的百分之七十五下降到百分之六十九。

六四・六

六四・五

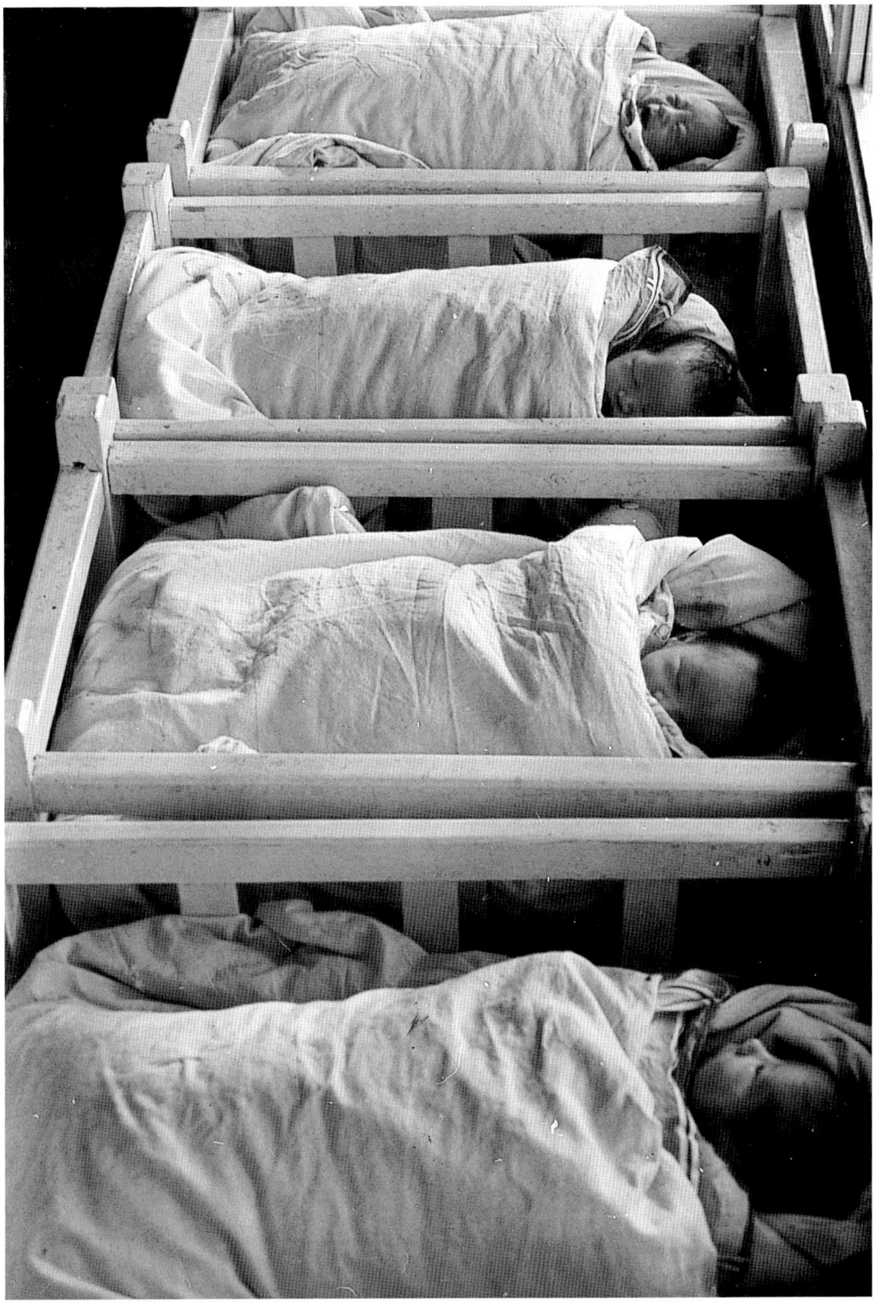

65

西藏的城鄉貿易

西藏的商業自古就不發達，但是本世紀八十年代以後，城鄉貿易卻逐漸興旺起來。拉薩的八廓街有世世代代在這裡經商的人，隨着社會的發展，他們經營的商品由一般的日用品、宗教器物到裝飾品、古董古玩、書籍、電器，無所不包無所不有，去拉薩旅遊的人，沒有不被八廓街（又名商業街）所吸引的。拉薩另外一個著名的大市場是沖賽康，七十年代以前，這裡只賣一些蔬菜、牛羊肉和酥油，八十年代以後，這裡不僅有各種時令蔬菜，肉、蛋、油、糧無所不有，還賣服裝、百貨、民族手工業品、電器等各種產品，全國各地都有人在這裡做生

六五・一

六五・二

六五・三

意。每天沖賽康裡熙熙攘攘，數百個攤位吸引着蜂擁而來的中外顧客。據有關部門調查，僅拉薩的個體經營戶，已從一九八○年以前的七十多個發展到目前的四萬多個了。

西藏的集鎮貿易近年也十分活躍。山南有個糧油產品集散地，那曲則有一個畜產品大市場。市場上羊毛大戰一年四季都起烽煙，而到冬季，牧人們則把牛羊趕到市場上來，合計着怎樣更好地換成糧食和日用品，甚至高檔消費品。過去，他們只是把整頭牛羊賣了，後來他們發現宰殺過的牛羊肉更值錢，於是他們也在那曲街上擺開了肉舖。每年秋末冬初，是西藏傳統的農牧交換季節，牧民們趕着成群的牦牛馱着酥油、湖鹽和土鹼到農區交換糧食和其他農產品，然後宰殺部分老畜出售。

在許多傳統的民間節日活動中，各種貿易也在進行着。牧區的賽馬會和農區的望果節，江孜的達瑪節，拉薩的雪頓節，都有物資交流的內容，農民、牧民帶着自己的產品、手工藝品，木碗、蟲草、貝母、藏被、氆氌、卡墊、酥油桶，都能在這裡賣個好價錢，而傳統節日因為有了物資交流，就顯得更加豐富多彩了。

六五·四

六五·一 圖為拉薩八廓街的傳統手工業製品市場（杜澤泉攝於一九九四年）

六五·二 拉薩郊區小縣城的自由市場也興盛起來了（袁大受攝於八十年代中）

六五·三 江孜達瑪節有五百多年歷史，每年藏曆四月十八日開始，延續七天左右，除了有佛事活動和傳統的騎馬射箭外，還同時進行商貿活動，以交換出售各種農牧產品和手工業製品。圖為江孜達瑪節上的帳篷市場。（才龍攝於一九九二年）

六五·四 沖賽康市場。沖賽康位於大昭寺北邊，是拉薩最大的一個農貿市場，過去主要出售蔬菜、牛肉羊肉和酥油等，現在各種商品應有盡有，包括衣物、手工業製品和珠寶。（康松攝於八十年代中）

66

西藏的自然保護

西藏的自然保護工作起步很早，但是進行自然保護區規劃工作則是從公元一九八二年開始的，通過考察知道，西藏有高等植物六千四百多種，隸屬二百七十多科，一千五百一十餘屬，其中有許多是中國特有或西藏特有的植物。一九八五年四月，西藏完成了第一批自然保護區的區劃工作。九月二十三日，自治區人民政府下發了《關於建立自然保護區批覆》，批准建立了墨脱自然保護區、察隅自然保護區、波密崗鄉自然保護區、林芝巴結巨柏保護區、聶拉木樟木溝自然保護區、吉隆江村自然保護區六個以保護森林生態系統及珍稀野生動植物為

六六・一

六六・二

六六・三

六六・四

六六・一 西藏山南錯那縣勒布地區的小熊貓，又稱「九節狼」。（陳宗烈攝於一九六〇年）

六六・二 藏東芒康是滇金絲猴的保護區，區內棲息着近千隻滇金絲猴。（《中國西藏》雜誌社資料室提供）

六六・三 為了保護西藏高原的生態環境，西藏自治區建立了十三個野生動植物保護區。圖為羌塘野生動物保護區內的野牛群。（《中國西藏》雜誌社資料室提供）

六六・四 雅魯藏布江大拐彎處的墨脱自然保護區。圍繞南迦巴瓦峰（高七千七百八十二米）的雅魯藏布江大峽谷，經中國地質學家測定，峽谷河床寬八十至二千米，溝谷深達五千三百八十二米，最險峻地段長度亦達二百四十公里，被認定為世界上最長最深的峽谷。（楊逸疇攝於一九九三年）

六六・五 高山植物雪蓮花。雪蓮花一般生長在海拔四千米雪線以上的地方，是一味珍貴的藥材。（《中國西藏》雜誌社資料室提供）

六六・六 西藏東部有大片原始森林，其面積約佔西藏總面積的百分之五，為中國第二大林區。在其人跡罕見處，有許多古樹異木尚待考察。圖為林芝巨柏爪狀根，高五十一米，胸徑四點二米。（徐鳳翔攝於一九八三年）

六六・七 西藏那曲申扎縣為黑頸鶴保護區，在該保護區有黑頸鶴一千五百多隻，越冬時節在越冬保護區內，林周黑頸鶴有時多達三千五百多隻。圖中飛禽為保護區內的黑頸鶴。（盧援朝攝於一九九三年）

主的自治區級的保護區。一九八八年十一月三日，自治區人民政府再次批准建立西藏珠穆朗瑪峰自然保護區。這七個保護區總面積三百七十萬平方公頃，其中墨脱保護區薈萃着大量的珍貴稀有動植物品種，又被列為國家級自然保護區。同時，一套相應的管理措施也隨着建立起來，除了保護人員的責任制外，還有對保護區內居住人員的教育等相應內容。

西藏的野生動物資源極為豐富，據西藏自治區野生動物保護協會資料，西藏有昆蟲二千三百餘種，魚類六十四種，兩棲類四十五種，爬行類五十五種，鳥類四百八十八種，其中受國家重點保護的珍稀鳥獸達一百一十五種，例如世界罕見的野牦牛、黑頸鶴、藏野驢、藏羚羊、滇金絲猴等。西藏野生動物協會於公元一九九一年六月成立，阿沛．阿旺晉美任名譽會長，西藏自治區政府主席江村羅布任會長，除了已有的自然保護區外，又建立了六個野生動物保護區，它們是羌塘野牦牛、野驢、藏羚羊保護區、芒康滇金絲猴保護區、申扎黑頸鶴保護區、林芝東久紅斑羚保護區、類烏齊長毛嶺馬鹿保護區和林周黑頸鶴越冬保護區，使西藏成了野生動物的樂園。

六六．五

六六．六

六六．七

一江兩河的治理

一江兩河的治理是一項大型農業綜合開發項目，是西藏高原歷史上規模最大、耗時最長的區域性建設項目。「一江兩河」是指雅魯藏布江及其兩條支流拉薩河和年楚河。其中部流域，東接林芝，西抵阿里，南近國境線，北與那曲接壤，流域總面積六萬六千平方公里，約佔西藏總面積的百分之五點五，其中包括拉薩市、山南地區、日喀則地區的十八個縣（市、區），人口約佔西藏總人口的三分之一。公元一九九〇年四月，「一江兩河」中部流域資源開發和經濟發展規劃評議論證會在北京舉行，一九九一年五月，國家決定投資十億元人民幣開發。

六七・一

六七・二

六七・三

六七・一 圖為日喀則地區「一江兩河」工程中的引水設施，以擴大灌溉面積。（龔達希攝於九十年代初）

六七・二 山南乃東縣的農田建設，由於水利設施的配套，先後共改造低產田一萬一千四百畝。（吳蓐攝於一九九四年）

六七・三 圖為山南瓊結縣農民正在修瓊果水庫，庫容量為一千一百五十八萬立方米，可灌溉耕地六點五萬畝。（廖東凡攝於一九九七年）

六七・四 拉薩郊區的農民正在挖水渠（土登攝於九十年代初）

六七・五 雅魯藏布江南岸的防護林帶，這樣的防護林帶在山南扎囊縣、拉薩尼木縣、日喀則艾瑪崗鄉，已營造超萬畝之多，它使當地的風沙危害和水土流失現象得到控制，大面積的農田草地受到保護，改善了當地的生態環境，同時也滿足了群眾生活能源（柴薪）的需要。（杜澤泉攝於九十年代初）

六七・六 拉薩河上的吊橋，又稱達孜吊橋，為「一江兩河」工程之一。（杜澤泉攝於九十年代初）

在陽光充足、水量偏少的西藏，水利建設被列為「一江兩河」開發的首要項目，除了對原有水利設施進行了改造利用以外，還要興建水庫十八座、提灌站六座、幹渠三十六條、防洪工程四處、人畜飲水工程三處，以擴大灌溉面積一百零三萬畝，提高防旱抗洪能力。開發項目的另一個重要任務，是把現代科技普及到廣大農牧民中間，在十八個縣的農牧民中展開了紮實的科技推廣普及工作，迄至公元一九九七年，已興辦不同規模培訓班八十期，有三萬五千人次參加培訓。

同時採取工程和生物技術配套措施，建設高產穩產田。自工程開工以來雅魯藏布江中段兩岸的防護林體系投入建設，在山南扎囊縣、拉薩尼木縣、日喀則艾瑪崗鄉，營造起成片的萬畝林。目前工程還沒有全部完成，但其糧、油、肉、奶的產量已比開發前平均增長百分之十左右，農牧民的生活水平有了大幅提高，百分之八十以上的農民蓋了新房，汽車和各種農用機械進了普通農民家。到公元二〇〇〇年，「一江兩河」工程完成之時，這一地區的農林牧副業總產值將達到二十億元人民幣，可提供十四萬噸糧食，五千三百噸油料和一萬噸肉類，這將大大提高原農牧民的生產力水平，改善其物質生活基礎。

六七・四

六七・五

六七・六

68

第三次西藏工作座談會和六十二項工程

本世紀九十年代以來，為了使西藏在本世紀末有一個較大的發展，公元一九九四年七月二十日，中共中央總書記、國家主席江澤民主持召開了第三次西藏工作座談會。在此次會議上決定，由國家和全國各省市共同投資二十三億八千萬元援助西藏建設六十二項工程。這是繼一九八五年國家完成援助建設四十三項工程以後，又一次全國集中支援西藏的大舉動。

這六十二項工程遍及全區一百二十萬平方公里，惠及能源、交通、郵電等基礎設施和農業、工業、文化教育諸

六八・一

六八・二

六八・三

六八・四

領域。其中農業、牧業、林業和水利項目八個，如農業科技推廣體系建設、左貢縣玉曲河農業綜合開發、藏西北牦牛絨生產基地、東久林場、滿拉水利樞紐工程等。能源項目十四個，如山南沃卡河三級水電站改造、拉薩西郊輸變電工程、阿里朗久地熱電站及七個縣的水電站等。工業項目十個，如山南香卡山鉻鐵礦、阿里扎倉茶卡硼鎂礦、拉薩糧油加工廠技術改造等。交通通訊項目七個，如拉貢公路改造、格爾木輸油廠輸油管道、拉薩至日喀則光纜工程等。此外還有文教、衛生、廣電項目十二個，如西藏博物館、拉薩新華書店、日喀則二中、乃東中學等八所中學、自治區傳染病醫院、自治區藏藥廠擴建、拉薩市人民醫院等。市政建設工程十一個，如布達拉宮廣場、拉薩市環形路、日喀則上下水工程、澤當鎮區道路、獅泉河上下水工程、林芝賓館等。

到公元一九九八年底，六十二項工程全部完成，實際投資三十六億五千萬元人民幣，比計劃投資增加了十二億七千萬元人民幣。而且這些工程都達到或超過了原來要求，給藏民的生產、生活帶來了許多好處。

六八・五

六八・一 現任國家主席江澤民主持中央工作不久，即到西藏各地進行調查考察。圖右一為當時西藏的中共西藏自治區黨委書記胡錦濤。（王新慶攝於一九九四年）

六八・二 六十二項工程之一的拉薩居民住宅新區。（杜澤泉攝於一九九五年）

六八・三 六十二項工程之一的西藏急救中心，公元一九九五年十月正式投入使用。（白有明攝於一九九五年）

六八・四 六十二項工程之一的西藏彩電中心，內部裝有國內最先進的各種設備。（白有明攝於一九九五年）

六八・五 六十二項工程之一的布達拉宮廣場，投資一億一千萬元人民幣，於公元一九九五年自治區成立三十周年前竣工。（杜澤泉攝於一九九五年）

69

西藏的現代教育

西藏的現代教育準確地説是從本世紀五十年代開始的。西藏民主改革以後西藏的教育有了很大發展。四十年來，中央為西藏教育事業累計投資了十一億多元人民幣，建立起包括幼兒教育、小學、中學、中等專業技術教育、高等教育、電化教育在內的有西藏地方民族特色的民族教育體系。迄今為止西藏有大學四所，中等專業技術學校十八所，中學六十八所，小學二千五百多所，幼兒園四十多所。

在西藏的現代教育中，絕大多數中小學使用藏語進行授課，包括數學、物理、化學課的教學都是如此。學生用母語學

六九 · 一

習數理化，學得又快又好。為了學習、繼承和發揚藏民族的優秀傳統文化，西藏專門成立了藏語文指導委員會和教材編譯局，組織編寫了數百種藏文教材，同時在大、中專學校，先後開設了藏語言文學、藏醫藥、藏族歷史、藏族藝術等專業系科和學校。從公元一九五〇年以來，西藏先後培養了一萬八千名高等學校畢業生，四萬多名中專、高中和技工學校畢業生，四十七萬名初中和小學畢業生。僅拉薩中學一所學校自創立以來就培養了一萬多名初高中學生。為了發展西藏的教育，中央政府在西藏實施了一系列的優惠政策，如免費教育，藏族學生從小學到大學所有的學習費用均由政府承擔，對部分中小學生和全部的中專生更發放人民助學金。從一九八五年開始，還對一些農牧區學生實行包吃、包穿、包住的三包教育。

另外，國家還在內地十九個省市開辦了十六個西藏中學班（中學班附屬於中學裡，只有若干班）、三所西藏中學（全校西藏學生），每年大約有一千三百多名學生到內地學習。十多年來，除了一大批升入高校繼續學習的以外，已有近五千名學生學成返回西藏參加家鄉的各行各業建設。

六九・二

六九・一 西藏藏醫院的醫生正在講課，培訓各地藏醫。（馬競秋攝於一九八六年）

六九・二 拉薩雪小學的小學生在學習藏文書寫，他們按傳統的方式，用竹筆在木板上書寫。經過這種方式的訓練，他們都能寫一手漂亮的藏文文字。（土登攝於一九九三年）

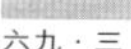
六九・三

六九・四

六九・五

六九・六

六九・三 西藏大學校園，位於拉薩城東。公元一九八五年七月在西藏師範學院的基礎上正式改建成立，共設八個系十五個專業和一個師資培訓部。近四十年來，這所學校先後培養了近萬名各類專業人才。（杜澤泉攝於一九九五年）

六九・四 西藏大學教授、藏族著名學者東嘎・洛桑赤烈（右）在對學生進行輔導。（陳宗烈攝於一九九〇年）

六九・五 農牧學院校址在林芝地區八一鎮。公元一九七八年在西藏民族學院林芝分院的基礎上正式成立，設農學、畜牧獸醫、林學、水電四個系七個專業，建校以來培養各類人才五千多人。圖為農牧學院的學生在作植物病原學試驗。（阿龍攝於九十年代初）

六九・六 拉薩的電化教育館為四十三項工程之一，公元一九八五年建成之後即投入使用。此後西藏各級學校的電化教育也一一開展，一些中專和普通中學先後建立了語音、微機等電化教育室。圖為拉薩中學的電化教育室。（唐召明攝於一九八九年）

70

西藏醫療

藏醫是西藏傳統的醫療手段，《四部醫典》是藏醫的主要醫藥著作。五世達賴喇嘛（公元一六一六－一六八二年）時期，第悉·桑結嘉措在拉薩藥王山建立了一所專門的藏醫院，並且規定拉薩附近的大寺院、宗（相當於縣）政府都要派人到藏醫院學習。十三世達賴喇嘛（公元一八七五－一九三三年）時期，又在拉薩大昭寺西側建立了稱為「門孜康」的藏醫天文曆算學院，並由近代最負盛名的欽繞羅布大師出任院長。

近四十年來藏醫事業有了長足的發展，先是藥王山藏醫院和門孜康合為一體，成為規模宏大設備齊全的藏醫藏藥中心，

七〇·一

七〇·一 西藏藏醫院的前身為公元一九一六年成立的「門孜康」（藏醫曆算學院），藏有豐富的藏醫藏藥典籍。圖為老藏醫在清點古籍收藏。（土登攝於九十年代初）

它擁有魯布附近的門診部大樓、龍王潭附近的住院部大樓和北郊的製藥廠，該廠製作的名貴藏藥珍珠七十和仁青常覺等，曾獲國家銀質獎和神農杯獎。公元一九八九年成立了西藏藏醫學院，由當代著名藏醫措如．次朗出任院長，學院設大學部、中專部和進修部，培養各個層次的藏醫藥人才。西藏山南、日喀則、阿里、那曲、林芝、昌都等地區都成立了藏醫院，每個縣都設立了藏醫科，全區藏醫人數達到五百零三人（一九九一年統計），其中高級藏醫師一百餘人。此外藏醫國際合作事業也初見端倪，日喀則邊雄藏醫學校、山南松贊藏醫學校便是國外紅十字協會援建的。

在弘揚傳統藏醫的同時，現代醫療事業也得到長足的發展和普及。城鄉醫療衛生網已經初步形成。據一九九〇年統計，當時西藏已有各類醫療衛生機構一千零八個，病床五千三百三十五張，醫療人員一萬零一十四人，其中百分之七十七點七是藏族。痲瘋病、甲狀腺腫、克山病等地方病都得到較好的防治和控制。

七〇・二

七〇・三

七〇・四

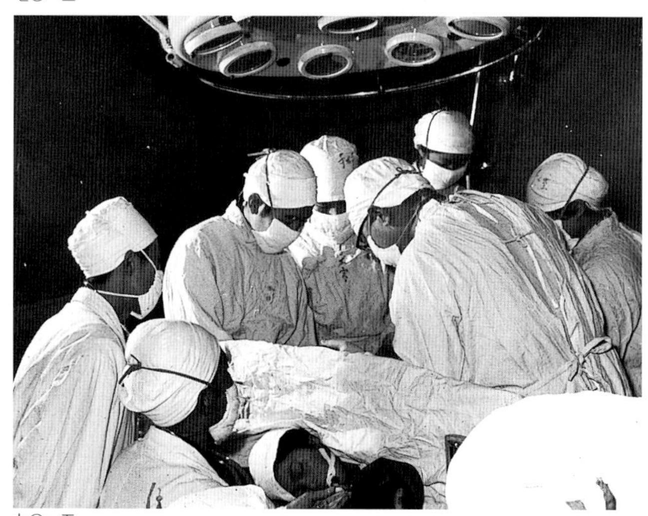

七〇・五

七〇・二 藏醫貢布扎西在牧區行醫（陳宗烈攝於一九五七年）

七〇・三 阿里地區藏醫院院長丹增旺扎正在給來自藏東芝康地方的病人看病。（成衛東攝於一九九七年）

七〇・四 位於拉薩市北郊的自治區藏醫院製藥廠，能生產數十種藏藥，其中珍珠七十、佐珠達西、玉寧二十五味、仁青常覺等藥，對於醫治癱瘓、胃潰瘍、肝炎等都有獨特的療效，遠銷國內外。圖為製藥廠正在製作藥丸。（陳宗烈攝於一九九一年）

七〇・五 位於拉薩北城的自治區人民醫院外科手術室中，外科專家們正在為一個藏族心臟病患者施手術。據公元一九九〇年統計，西藏共有各類醫療衛生機構一千零八個，病床五千三百三十五張。（陳宗烈攝於一九八七年）

71

西藏住屋

西藏的傳統房屋，可分宮堡建築、寺廟建築和民居建築三種類型。西藏的宮堡大都用巨石修造在懸巖陡壁上，如同山體巖坡的一個組成部分，既體現統治者的威嚴，又便於防守和抵禦外敵，布達拉宮便是宮堡建築的典型。吐蕃時期的寺廟大都建在平川，例如大昭寺、桑耶寺、昌珠寺等等，中世紀以後不少寺廟依山就勢而建，經堂佛殿仿如城堡，這固然可以體現佛法的神聖，但也許與當時戰亂頻繁有關係。我們從拉薩周圍的熱振寺、楚布寺、直貢梯寺、甘丹寺很明顯地看到這些特點。

七一・一

七一・一 拉薩布達拉宮，是西藏宮堡建築的典型。(《中國西藏》雜誌社資料室提供)

民居建築又分貴族府邸（或莊園建築）、平民住屋兩種。貴族府邸多為平頂立體碉房，內部結構呈回字形，中間為天井，四邊有廊道連通。房屋多為三或四層，低層飼養牲畜、住傭人奴僕，有的還有手工業工場；二層為倉庫和管家、秘書住室；三、四樓為主人住室和經堂。農村莊園建築形式與貴族府邸相仿，不過沒有貴族府邸那麼華美講究而已，而按舊時規定，四柱八樑的房屋只有領主頭人才能享用。

普通百姓只能住平房或簡易的樓房，建築形式為刀把形或山字形，一排三、五間，中間為經堂兼起居室，一側為廚房兼臥室，另一側為客房或年輕夫婦住房。起居室前接一個前廳，為全家歇息、飲茶、喝酒、進餐之地。如果是樓房，樓下用於關牲口，樓上住人，屋頂晾曬糧食、奶渣、牛糞之類。

此外，在西藏東部和東南部的森林地區，民居大都用原木或板材建造，屋頂用木板鋪蓋，呈坡形，上壓石塊以防颱風吹颳。室內以火塘為中心，是全家活動的中心。阿里民居多為兩層獨立式宅院，上層夏天住，下層冬天住。

七一·二

七一·三

七一·二 寺廟建築一角。輪廓分明，錯落有致，充份體現了藏族建築藝術的特色。（《中國西藏》雜誌社資料室提供）

七一·三 拉薩城一座古老的宅院（盧援朝攝於一九九三年）

七一·四 藏東木屋，房屋由石塊和圓木疊砌而成，結實、美觀、適用，並有種種雕刻、繪畫為其裝飾。（李卓攝於一九九二年）

七一·五 雅魯藏布江邊的農民新居（成衛東攝於一九九四年）

七一·六 西藏著名貴族索康的別墅，位於拉薩城東。（陳宗烈攝於一九五六年）

七一·七 藏曆八月那曲賽馬會上的彩色帳篷城，五色繽紛，琳琅滿目，十分壯觀。（多吉占堆攝於一九九三年）

七一·八 牧區的黑色牛毛帳篷，是藏北牧人的常見居所。帳篷中置船形爐灶，主要燃料是牛羊糞。（陳宗烈攝於五十年代）

當地多土林，質地瓷實，不少人掘窰而居，冬暖夏涼，別具一格。牧人則住黑色牛毛帳篷，大都為多角形，中用木桿支撐，上覆黑色牛毛毯，四周用粗牛毛繩牽引固定，好像多足的黑蜘蛛。可是，近年來西藏牧人大都修建了固定房屋，帳篷只有遊牧時才使用。而城鎮鄉村，別墅式的新居大量湧現，這些新居既保留了藏族傳統民居的優點，又有現代化的採光、通風和衛生設備，比過去舒適，方便多了。

七一・四

七一・五

七一・六

七一・七

七一・八

72

西藏的飲食和特產

藏人飲食習慣和高原氣候、物產、宗教、風俗密切相關。酥油、糌粑、茶葉、青稞酒、牛羊肉以及土豆、圓根、蓮花白等是西藏的傳統食品。酥油茶是西藏最常見的飲料，「藏人不可一日無茶」。酥油茶是用磚茶或砣茶加土鹼熬成茶汁，再放進酥油、鹽巴甚至少許牛奶在茶桶裡攪拌而成，這是招待客人的上品。西藏人飲茶有自己的茶道，也非常講究茶具的質量。從樹木根瘤中挖刨出來的「扎牙」、「那保」木碗，以及古瓷碗最受珍視和喜愛，被視為傳家之寶。藏族人非常愛喝青稞酒，它是用青稞麥釀製而成，喝起來清冽可口，各種喜慶場合

七二・一

七二・二

七二・三

七二・四

七二・一 西藏土特產之一的木碗，藏人多用此喝酥油茶，抓糌粑。（才龍攝於一九九三年）

七二・二 打酥油茶的茶筒（才龍攝於一九九二年）

七二・三 藏式卡墊。一般為全羊毛織品，將羊毛捻成線，用傳統方法染色，然後用手工織出。藏族人家坐具和臥具上都鋪有卡墊。（才龍攝於一九九二年）

七二・四 手工縫製的西藏長靴，是西藏傳統手工藝之一。（才龍攝於一九九二年）

都離不開青稞酒。喝酒必唱酒歌，行歌勸酒，直至盡歡。

西藏傳統主食首推糌粑，它是把青稞炒熟後磨出來的。糌粑吃起來非常簡便，用適量酥油茶攪拌均勻便行了。藏族人經常把糌粑用小皮袋裝好帶在身邊，出外旅行辦事隨時可以抓着吃。另外，藏族麵條、包子、饃饃和餅子，都別有風味。西藏盛產肉類，牛羊肉既是主食，也是副食。牧人愛吃大塊的手抓羊肉，而拉薩人頗為講究煎炒。每年秋冬之間，藏人將剛剛宰殺的牛羊肉切割成條，掛在簷間讓雪風吹颼製成乾肉，特別清爽可口。藏餐有藏餐的菜系，過去貴族酒宴上菜達到四十八道之多，其中人參果飯、糖油麵丁、辣牛肚、奶渣糕、灌腸、灌肺、燉羊頭等均頗有名氣。藏人忌諱狗肉、驢肉，過去不吃魚，現在有所改變。近年來藏人餐桌上日漸豐富，時新蔬菜、瓜果、各種酒類已屢見不鮮了。

西藏地域遼闊，物產豐實，傳統手工藝精湛，土特產品不勝枚舉，不少品種出口國外。例如江孜的地毯、貢噶的圍裙、扎朗的氆氌、昌都的金銅法器、拉孜的藏刀、仁布的玉器、喜馬拉雅山區的木碗和竹編、藏北的牛絨羊絨等。麝香、蟲草、貝母、黃蓮、雪蓮花、天麻等藥材盛產西藏各地。

七二・五

七二・六

七二・五 打酥油茶。打茶時，先將磚茶弄碎放入鍋中熬煮，倒入酥油桶中，放上一些酥油和鹽，然後用帶塞的木棍上下攪動，打到水油交融時，便成了美味可口的酥油茶。（高國鎔攝於八十年代中）

七二・六 藏族的傳統主食為糌粑，是將青稞炒熟後磨成，拌以適當的酥油便可進食。圖為藏人圍坐爐旁用藏餐，小桌上的食物是糌粑等，橫樑上倒掛着的是風乾的肉條。（嘉措攝於一九九三年）

73

西藏人傳統服飾

西藏人有着自己獨特的服飾，這是在雪域高原的生存環境、文化傳統和漫長的歷史發展過程中形成的。藏人的服裝可以用色澤鮮艷、特色顯著、適用美觀來形容。然而僧人和俗人，農區和牧區，男子和女子，過去的貴族和平民，又有明顯的差別。

昔日貴族官員的服裝有王子服、寶飾服、庫倫裝幾種，從髮髻上寶石的品種和彩緞袍服的顏色和花紋可以看出他們的品位。農民的藏袍多為白色氆氇，領口、袖口、下襬鑲紅、黃、藍三色氆氇花邊。腰帶以上部分藏袍比較

七三·一

七三·二

七三·三

七三·一 布達拉宮新年宴會上身着「寶飾服」的貴族，這種古老服裝源於藏王松贊干布（公元？—六五〇年）時代。「寶飾服」的特色是貴重華美，色彩艷麗，以綢緞為主，鑲嵌松石、珊瑚、珠寶等。（《中國西藏》雜誌社資料室提供）

七三·二 藏北婦女慣常的髮式和羔皮帽（陳宗烈攝於一九五七年）

七三·三 安多男子的豹皮衣，這種皮衣既能禦寒，又能顯示出他們的強悍和英武氣概。（吾要攝於九十年代初）

七三·四 西藏那曲地區服飾，寬大厚實，以皮毛為主，佩戴火槍、火鐮、牧鞭、奶鈎等勞動工具和飾物。（袁特攝於一九九七年）

七三·五 圖為藏北青年的出門裝束，毛料製藏袍鑲嵌了皮邊。（廖東凡攝於一九九七年）

七三·六 西藏林芝女裝，這種女裝多為黑氆氇鑲緞邊或獸皮邊製成，與衛藏一帶女裝有明顯區別。（《中國西藏》雜誌社資料室提供）

寬鬆，形成囊狀，以便放置各種日常用品。藏北牧人則穿光羊皮面長袍，不過更加寬大，領口、袖口、下襬多以黑色平絨鑲嵌。

拉薩男子多穿圓領右衽氆氌或毛料藏袍，顏色尚深褐，白色高領襯衫，腳蹬彩色氆氌藏靴或皮靴，頭戴四耳金絲緞帽，常袒露右臂，據說這是釋迦牟尼的傳統，也便於工作和勞動。藏北和藏東男子用火紅的毛線和頭髮結成粗大的髮辮盤於頭頂，顯示男子漢的英武氣概，腰刀、佛盒和羊鞭，是他們隨身攜帶的三件法寶。

婦女的服飾是藏人美學觀念的集中體現。拉薩婦女身着無袖藏袍，腰部用繡帶緊束，下襬拖到腳面，襯出她們纖細的腰肢和姣好的身段。上穿彩繡襯衫，長袖悠悠；腰繫七色圍裙，鮮明亮麗。盛裝的婦女，頭戴珊瑚、松石鑲嵌的珠冠，耳繫魚形耳墜，胸佩金銀和松石製作的「噶烏」（佛盒），左手戴銀釧，右手戴海螺圈，據說海螺圈為神物，可使死後靈魂不迷路。藏東婦女在頭上綴滿蜜蠟珠、珊瑚、松石、銀盒，她們把全家的財富都戴在頭上了。藏北牧女則喜愛將頭髮梳成無數小辮，髮辮上繫銀幣、貝

七三・四

七三・五

七三・六

殼、銅鈴，行走時叮噹作響，如同奏樂一般。

西藏僧尼的服裝以絳紅色為多。僧裝主要由坎肩、僧裙、袈裟組成，稱為袒衣，高僧活佛則在僧服邊上鑲金絲緞。教派不同，僧裝也有差別，僧帽的形狀往往是不同教派的標誌。例如格魯派僧人戴尖頂黃帽，所以被稱為黃帽派。

七三·七

七三·八

七三·七 藏北姑娘的髮式和頭飾（陳宗烈攝於一九五九年）

七三·八 阿里婦女的頭飾和掛飾。此為節日盛裝，裝飾大多由紅瑪瑙、珊瑚、綠松石、銀器組成，非常昂貴。（嘉措攝於一九九一年）

七三·九 節日盛裝的安多婦女，服飾以高檔的毛皮製作和珍貴的珠寶裝飾而出名。（吾要攝於九十年代初）

74

藏人的人生禮儀

藏人在漫長歲月中形成的傳統習俗，經過世代傳承保存到了今天，並沒有因為時代的變遷而改變。例如迎送客人必須饋贈潔白的哈達，表示其尊敬和祝福之意，這種風俗在藏地隨時可見。藏人忌諱殺生，受戒的佛徒在這方面更加嚴格，這些至今都得到很好的遵循。西藏人大都信奉藏傳佛教，認為生命是在神、阿修羅、人、餓鬼、地獄、畜牲六道之中輪迴不已，投生人身是前世修證的結果，因此必須珍惜生命。

嬰兒出生是藏人家庭最大的喜事，出生後必須朝拜神佛請求護佑，並請求當地活佛高僧取一個吉祥的名字。母子第一次

七四・一

七四・二

出行，一般是朝拜寺廟，第一次作客應當到心地善良、父母雙全的好人家。男孩女孩到了成年期要舉行成年禮，藏北牧人讓孩子到荒漠遙遠的鹽湖馱鹽，藏東獵人讓孩子到深山老林獵取兇猛的野獸，使之得到人生的鍛煉。結婚是人生禮儀中第二件大事。女子嫁到男家或者男子招贅到女家，均不受社會和輿論歧視。藏族婚禮異常講究而且充滿繁文縟節。婚禮大致可分合婚、求婚、訂婚、結婚四個過程。每個過程都離不了飲酒、唱歌和宗教儀軌，其目的是求得新婚夫婦美滿幸福、人神共歡。

在藏族人看來，死亡並非生命的結束，甚至可以說是新的生命的開端，因此他們特別重視葬儀和葬禮。西藏葬喪大致可分為塔葬、火葬、水葬、土葬、天葬五種形式。塔葬是將死者的遺體用晶鹽拔水摻合香料塗抹全身，裝進金塔或銀塔永久保存，達賴和班禪等少數大活佛便是採取這種葬法。火葬同樣只有活佛或著名人物才能享受到，但在藏東北森林地區火葬卻很普遍。雅魯藏布江邊的人水葬的較多，他們把屍體切割成塊沉進河裡。藏人實行土葬者很少，只有凶死者或得傳染病的死者才會被埋入泥土中。天葬在西藏最為普遍，人們將死者用白色氆氌捲曲包裹，使之成坐姿，並請喇嘛們唸經超度。然後擇吉

七四・一 牧女吉日出行，她的臉上塗抹着抵禦風寒的護膚面膜，並在兩頰畫上紅色以示美麗。（唐召明攝於八十年代）

七四・二 色拉寺附近的天葬場，拉薩人死後多在此天葬。天葬在西藏甚為流行和普遍，人死後每隔七天要舉行一次唸經活動，並到寺廟發放布施，祈求死者早日轉回人世，直至七七四十九日，死者靈魂脱離中陰進入母腹為止。（陳宗烈攝於一九五七年）

日將屍體運到天葬場，天葬師按傳統方法將肉剔下，燃點煙火引來禿鷲吞食。四十九天後死者靈魂脫離中陰進入母腹，一年後則重新降生人世。因此人死一年後要舉行「暖局」典禮，親朋戚友相聚飲酒歡歌，慶賀死者的新生。

七四・三

七四・四

七四・三 婚禮上，新郎新娘揚灑糌粑，祈求幸福。（土登攝於八十年代初）

七四・四 每逢宗教傳統節日，藏族人便成群結隊到路口、山頂、屋頂和寺廟周圍燃燒松枝柏葉，祭祀神靈，讓裊裊的青煙升上蒼穹，表達對神靈的祈願。（唐召明攝於八十年代）

75

西藏民間節日

西藏節日很多，無論城市還是鄉村，寺院還是村落，農區還是牧區，節日可以說是一個連着一個。節日又分宗教節日和民間節日，但也沒有嚴格的區別。民間節日大都離不開宗教內容，而宗教節日往往以民間遊藝作餘興。

西藏一年中最大的節日應當是藏曆新年，人們期盼着過年的娛樂活動並且祈求好運。年前家家戶戶都背來雪山淨水，清掃門庭內外，用白粉在門前繪出吉祥八寶圖案。初一清晨到江河源頭背水，據說水中有雪獅之乳；接着到附近寺廟朝佛，祈禱一年吉祥、幸福、豐收。男男女女手捧插着青稞穗和日月牌的吉祥彩

七五・一

七五・二

盒，挨家挨戶互祝新年吉祥如意，然後聚在街頭巷尾飲酒歌舞，直至盡興而歸。初二登上樓頂換插新的七色經幡，祭祀灶神、家神；初三到附近山頭水畔插旗掛幡，祭祀山神、水神和鄉土神。

雪頓節每年藏曆七月初一在拉薩羅布林卡進行，此前一天哲蚌寺要舉行氣勢恢宏的掛佛盛典。西藏各地有十二個歌舞藏戲團體集中拉薩演出，近年來已形成拉薩藝術節的規模。在拉薩河和雅魯藏布江流域，一年一度的望果節是農民狂歡的日子。望果，意為轉青稞地，按慣例每年都在藏曆七月即收割青稞之前進行。節日第一天喇嘛或巫師率領全村男女，身背經書手持旗幡圍繞青稞地巡行，祈求地方神保佑不降冰雹，莊稼豐產豐收，接着是跑馬賽箭，日以夜繼地比歌賽舞，直至莊稼開鐮。夏秋之間西藏各地水草豐美，牲畜膘情正好，是賽馬的最好季節。當雄吉令節、那曲賽馬會、江孜達瑪節是西藏最負盛名的賽馬盛會，人們在這些歡樂的日子裡縱馬馳騁，俯仰騎射，重顯昔日吐蕃騎士的雄風。賽馬會有長跑、短跑，大跑、小跑，遠射、近射、騎射、馬技等項目，優勝者不但能得到可觀的獎賞，還要騎在馬上或由人抬過頭頂繞場數周接受歡呼致敬！另外工布地區的新年是每年藏曆十月初一舉行，富有濃郁的林區特色。

七五・三

七五・四

七五・五

七五・一（前頁） 藏曆新年，拉薩居民手捧吉祥盒在街頭上互相祝賀新年吉祥如意，並飲酒唱歌。人們掛在胸前的叫哈達，向客人獻上潔白的哈達在藏地隨處可見，是表示尊敬和祝福之意。（土登攝於八十年代初）

七五・二（前頁） 每年藏曆七月，地裡莊稼黃熟的時候，雅魯藏布江中游兩岸村莊都要舉行預祝豐收的節日——望果節。望果，即轉莊稼地的意思。據說這個節日已有一千七百多年的歷史。圖為望果節時，盛裝的農民騎馬轉莊稼地。（顧綬康攝於七十年代末）

七五・三 當雄縣賽馬會上牧人表演馬技（陳宗烈攝於六十年代）

七五・四 藏東賽馬會騎士出場（樂婷拉姆攝於一九九五年）

七五・五 每年雪頓節（藏曆七月初一），各地民間藏戲團體匯聚羅布林卡進行演出。（張鷹攝於一九八七年）

七五·六

七五·七

七五·六 桑耶寺壁畫：抱石頭。抱石頭為西藏傳統的競技運動，直至今天，在許多傳統的節日裡，仍有這項比賽，誰抱起的石頭最重，誰就是勝利者。（才吉攝）

七五·七 白朗鬥牛節每年藏曆十月在江雄草原舉行，其內容除了種牛角鬥外，還有各戶展示自己的羊群的「果孜」活動和向地方神敬獻坐騎。其中的鬥牛為其他地方所罕見，是典型的牧區傳統節日。圖為種牛角鬥。（多吉占堆攝於一九九二年）

第十一世班禪額爾德尼的認定和坐床

藏傳佛教是藏族人普遍信仰的宗教，活佛轉世制度是藏傳佛教教主最主要的傳承方式。從公元十三世紀首次由白教噶瑪噶舉派黑帽系始創以來，相繼為藏傳佛教各教派廣泛採用。「文化大革命」期間，活佛轉世一度中止，至本世紀八、九十年代才重新開始實施。

公元一九八九年一月二十八日，格魯派最大的活佛之一，十世班禪額爾德尼確吉堅贊在日喀則扎什倫布寺他的祖廟圓寂。中國中央政府即發佈了保存法體、建造金靈塔和尋訪轉世靈童的公告。扎什倫布寺僧人活佛依據誦經、

七六・一

七六・二

七六・三

占卜和在山南拉姆拉錯（吉祥天女湖）和仁布雍錯（碧玉湖）觀湖的顯影預示，先後由俄欽．邊巴活佛、比龍活佛等率領尋訪小組遍訪西藏、四川、青海、雲南藏區，最後，選出三名靈異聰慧的幼童。一九九五年十一月二十九日在大昭寺釋迦牟尼像前，通過金瓶掣籤的歷史定制掣出西藏嘉黎縣六歲幼童堅贊諾布為十世班禪大師轉世靈童。

堅贊諾布當即拜西藏佛教協會會長、甘丹寺法台波米．強巴洛珠為師，請求為其剃度，取法名為吉尊洛桑強巴倫珠確吉杰布貝桑布。

公元一九九五年十二月八日，經中央政府批准，在日喀則扎什倫布寺堅贊通布佛宮正式坐床，繼任為第十一世班禪額爾德尼。中央頒授了金冊和金印。一九九五年藏曆火鼠年四月十五日，十一世班禪在扎什倫布寺釋迦牟尼像前受沙彌戒，戴上了歷輩班禪大師所戴的尖頂桃形黃帽（班夏），正式開始了一個僧人的修習生活。國家主席江澤民為扎什倫布寺題寫的「護國利民」匾額，也在同一天高懸在扎什倫布寺措欽大殿之上。

七六．四

七六．一 認定第十世班禪轉世靈童的金瓶掣籤儀式於一九九五年十一月二十九日在拉薩大昭寺舉行。圖為波米．強巴洛珠活佛從金瓶掣出一籤。（劉宇攝於一九九五年）

七六．二 李鐵映代表國務院向十一世班禪額爾德尼頒授金冊金印（樊如鈞攝於一九九五年）

七六．三 日喀則城萬民歡迎十一世班禪返回扎什倫布寺舉行坐床大典（噶瑪攝於一九九五年）

七六．四 受戒後的十一世班禪活佛

西藏歷史大事年表

公元紀年	中原紀年	大事	
公元前 4,500 年前後		昌都卡若遺址等發掘表明，藏東和林芝尼洋河流域此時已有古人類活動。	
公元前 4,000 年前後		拉薩曲貢遺址等發掘表明，拉薩、山南等地此時已有古人類活動。	
公元前 3 世紀前後		西藏高原出現 44 個小邦，後來形成 12 個部落聯盟。	
公元前 126 年	漢武帝元朔三年	山南雅隆部落推選聶墀贊普為首領，從此開始由悉補野家族雅隆部落聯盟的世襲統治。本教在西藏地區流行。修雍布拉康宮。	
公元 1 世紀前後		雅隆部落第七代首領止貢贊普被弒，其子布德貢嘉繼位。金屬冶煉、開渠引水、役牛耕田、熬皮製膠等等開始出現。	
公元 1 世紀中期		雅隆部落第二十七代贊普拉脫脫日年贊時，雍布拉康出現經書、經塔等異物，未解其意，作為玄物供奉。	
公元 6 世紀末		雅隆部落三十代贊普達布聶斯開始籌劃統一西藏高原的舉動，其子囊日松贊吞併蘇毗等小邦，將勢力擴展到拉薩河流域。	
公元 617 年	隋煬帝大業十三年	囊日松贊之子松贊干布誕生在拉薩河上游墨竹工卡的強巴敏居宮。	
公元 633 年	唐太宗貞觀七年	松贊干布平定蘇毗等部，遷都邏娑，後改名拉薩，建立吐蕃王朝。	
公元 641 年		唐太宗貞觀十五年唐太宗將宗室女文成公主許嫁松贊干布，同年公主由大臣噶爾東贊等陪同抵拉薩。文成公主修建拉薩小昭寺，供奉從長安帶來的釋迦牟尼佛像，並協助尼泊爾公主修建大昭寺，供奉明久多吉佛像。	
公元 646 年	唐太宗貞觀二十年	唐太宗親征高麗得勝後回到長安，松贊干布奉表祝賀，並獻黃金做成的金鵝為禮。	
公元 648 年	唐太宗貞觀二十二年	唐使王玄策等赴天竺遇亂事，松贊干布調兵助王玄策平亂。	
公元 649 年	唐太宗貞觀二十三年	唐太宗卒，高宗繼位，封松贊干布為駙馬都尉、西海郡王，後進封賓王，並為其刻石像列唐太宗之昭陵。	
公元 650 年	唐高宗永徽元年	松贊干布卒。松贊干布曾禪位其子貢松貢贊，但貢松貢贊卒，故由其孫芒松芒贊繼位贊普，大倫噶爾東贊輔政。	
公元 663 年	唐高宗龍朔三年	吐蕃攻破吐谷渾，吐谷渾可汗諾曷缽敗績投涼州。	
公元 667 年	唐高宗乾封二年	噶爾東贊卒。吐蕃破設生羌十二羈縻州。	
公元 670 年	唐高宗咸亨元年	吐蕃破唐設西域十八州，又取龜茲、于闐、碎葉、疏勒四鎮。唐將薛仁貴在青海敗績。	
公元 676 年	唐高宗儀鳳元年	芒松芒贊卒，其子都松芒布結繼位贊普。	
公元 680 年	唐高宗永隆元年	文成公主卒，唐遣使往弔。	
公元 698 年	唐武則天聖曆元年	都松芒布結翦除貴族噶爾氏親黨，大倫噶欽陵在宗哥兵敗被殺，噶倫弓仁、噶贊婆等降唐。	
公元 703 年	唐武則天長安三年	吐蕃向唐獻馬千匹，金二千兩，請和求婚。	
公元 704 年	唐武則天長安四年	王子赤德祖贊生。西洱諸蠻叛吐蕃，都松芒布結往征，卒於烏蠻白蠻地區，其子赤德祖贊繼為贊普，祖母沒祿氏輔政。	
公元 710 年	唐中宗景龍四年	唐中宗以養女金城公主與贊普赤德祖贊聯姻。	
公元 713 年	唐中宗開元元年	唐以河西九曲地為金城公主之「湯沐邑」，賜與吐蕃。	
公元 730 年	唐中宗開元十八年	唐使入蕃，贊普出貞觀以來書詔以示歡好，並派使朝唐請盟。	
公元 731 年	唐中宗開元十九年	蕃使為金城公主向唐請得《毛詩》、《春秋》、《禮記》等書，攜歸吐蕃。	
公元 739 年	唐中宗開元二十七年	金城公主卒。	
公元 742 年	唐玄宗天寶元年	王子赤松德贊生。	
公元 752 年	唐玄宗天寶十一年	南詔王閣邏鳳受唐將侵迫降附吐蕃，吐蕃冊封為贊普鐘（贊普弟）。	
公元 754 年	唐玄宗天寶十三年	赤德祖贊卒，其子赤松德贊少年繼位。大臣瑪•仲巴杰掌政，禁止佛教。	
公元 761 年	唐肅宗上元二年	赤松德贊廢除禁佛命令。	
公元 763 年	唐代宗廣德元年	吐蕃合吐谷渾、党項等軍共 20 萬眾，盡得唐河西隴右各州地。10 月攻入長安，停留 15 日，大掠百工財富而去。	
公元 767 年	唐代宗大曆二年	唐蕃會盟於長安興唐寺。	
公元 779 年	唐代宗大曆十四年	桑耶寺建成，開始剃度貴族子弟七人出家為僧，譯經講法。贊普在境內普建寺廟，令屬民布施供養，佛教在吐蕃迅速發展。	
公元 781 年	唐德宗建中二年	吐蕃佔領沙州（今敦煌）。	
公元 783 年	唐德宗建中四年	唐蕃於清水會盟劃界，並互派使節赴邏娑及長安會盟。	
公元 797 年	唐德宗貞元十三年	赤松德贊卒，其子牟尼贊普繼位。	
公元 798 年	唐德宗貞元十四年	牟尼贊普下令境內屬民廣為佛事作布施，曾對屬民三次平均財富，以期緩和社會貧富分化，結果失敗。牟尼贊普在位 1 年又 7 個月後去世，其弟赤德松贊繼位。	
公元 806 年	唐憲宗元和元年	吐蕃國政蕃僧缽闡布請以安樂、秦、原三州之地歸唐，遣使求和。	
公元 815 年	唐憲宗元和十年	赤德松贊卒，其子赤熱巴巾繼為贊普，大倡佛教，延請僧人講法譯經，統一譯例。吐蕃款隴州塞請互市，唐朝下詔許市。	
公元 821 年	吐蕃彝泰七年陰鐵牛年	唐穆宗長慶元年	唐蕃會盟，吐蕃盟和專使至唐，10 月，與唐宰相等盟於長安西郊；唐遣劉元鼎入蕃會盟。
公元 822 年	吐蕃彝泰八年陽水虎年	唐穆宗長慶二年	5 月，唐盟和專使劉元鼎與吐蕃國政蕃僧缽闡布等盟於邏娑東郊；吐蕃大元帥尚塔藏召集東方節度諸將百餘人遍曉盟文。

公元841年	唐武宗會昌元年	赤熱巴巾為貴族所弒，其兄郎達瑪繼為贊普。
公元843年	唐武宗會昌三年	郎達瑪贊普禁行佛法，封閉寺廟，勒令僧人還俗，為僧人所弒。此後郎達瑪之二子維松與雲丹為貴族挾持爭位，大倫結都那被殺，雙方長期內訌。吐蕃諸將及部屬相繼叛離，奴隸及屬民亦先後在各地紛紛起義。
公元851年	唐宣宗大中五年	沙州人張議潮率眾起義，驅除吐蕃在西北地區殘餘勢力，以瓜、沙、伊、肅、鄯、甘、河、西、蘭、岷、廓等十一州圖籍歸唐，唐以他為歸義軍節度使、十一州觀察使，以曹議金為歸義軍長史。張議潮歸唐後，西北地區之吐蕃奴隸起義軍聚眾萬帳，自號「溫末」部，與唐通款；吐蕃大將尚延心等亦率眾降唐。
公元866年	唐懿宗咸通七年	論恐熱為唐將執將。吐蕃餘部散居西北地區，大者數千家，小者百十家，不復統一。
公元869年	唐懿宗咸通十年	吐蕃境內奴隸及屬民大起義，初發難於朵甘思，各地迅速響應暴動，起義聲勢遍及吐蕃。
公元877年	唐僖宗乾符四年	奴隸起義軍佔據吐蕃雅隆河谷等地區，盡毀贊普陵墓。王室後裔及貴族奴隸主被起義軍殺逐四散，吐蕃王朝滅亡。
公元895年	唐昭宗乾寧二年	維松子貝考贊被殺，其次子吉德尼瑪袞率領親隨及百騎逃往阿里地區，建立阿里王系。後吉德尼瑪袞次子扎西袞征服象雄，建立古格王朝，其長子日巴袞則據芒域建立拉達克王朝。
公元911年	後梁太祖乾化元年	喇欽•貢巴繞賽在青海丹斗寺以當年從西藏逃來的佛教僧人藏繞賽、約•格衛迥窮、瑪•釋迦牟尼等人為師，受出家戒和比丘戒。
公元958年	後周世宗顯德五年	洛欽•仁青桑布出生，少年時被阿里古格小王派往印度學習梵文和佛教，學成後回到阿里，翻譯佛教經典和醫學書籍。從他開始翻譯的密教經咒和怛特羅，被稱為「新密」。
公元975年	宋太祖開寶八年	魯梅•喜饒楚臣等衛藏10人在丹斗寺跟從喇欽•貢巴繞賽的弟子仲•益西堅贊受比丘戒，然後返回西藏傳法。
公元978年	宋太宗太平興國三年	魯梅•喜饒楚臣等人在桑耶、噶迥寺授徒傳法，佛教在西藏地區再度傳播。一般以此年作為藏傳佛教後弘期開始之年。
公元983年	宋太宗太平興國八年	此前，宋以銅錢給諸蕃馬值，諸蕃人得錢，銷鑄為器；是年，乃以布、帛、茶及他物易之。
公元1026年	宋仁宗天聖四年	藏曆「火空海」紀年止於此年，從公元624年開始紀年，至此共歷403年。

公元1027年	藏曆第一饒迥火兔年	宋仁宗天聖五年	藏曆第一饒迥之始，火兔年，現行藏曆於是年起算，每60年一輪，稱為饒迥，意為勝生。
公元1038年	藏曆第一饒迥土虎年	宋仁宗寶元元年	阿里古格王強曲沃遣人去印度迎請高僧阿底峽，譯經傳法。
公元1042年	藏曆第一饒迥水馬年	宋仁宗慶曆二年	阿底峽至古格，後由仲敦巴迎請到烏思藏各地，在藏族宗教史上被視為佛教後弘期之大事。
公元1056年	藏曆第一饒迥火猴年	宋仁宗嘉祐元年	仲敦巴至熱振，建一佛堂，是為建噶當派主寺熱振寺之始。
公元1073年	藏曆第一饒迥水牛年	宋神宗熙寧六年	宋置市易司於蘭州，後於熙、河、蘭、湟等州置折博務，于黎、雅州置博馬場。建桑朴寺，屬噶當派。款氏家族官卻杰波於仲曲河谷薩迦地方建薩迦寺，是為薩迦派主寺。
公元1076年	藏曆第一饒迥火龍年	宋神宗熙寧九年	古格王室舉行火龍年（丙辰）法會，吐蕃各部均有僧人前往參加。
公元1121年	藏曆第二饒迥鐵牛年	宋徽宗宣和二年	米拉日巴弟子塔波拉杰建達拉崗波寺，是為達布噶舉主寺；瓊波南交建香巴寺，是為香巴噶舉主寺。
公元1147年	藏曆第三饒迥火兔年	宋高宗紹興十七年	都松欽巴•卻吉扎巴在西康類烏齊建噶瑪丹薩寺，為噶瑪噶舉派主寺。
公元1153年	藏曆第三饒迥水雞年	宋高宗紹興二十三年	建納塘寺，後成為西藏最著名的印經院。
公元1158年	藏曆第三饒迥土虎年	宋高宗紹興二十八年	帕木竹巴•多吉杰布（1110-1170）建丹薩替寺，是為帕竹噶舉主寺，亦為帕木竹巴政權興起的開始。
公元1175年	藏曆第三饒迥木羊年	宋孝宗淳熙二年	尚•蔡巴建蔡巴寺，是為蔡巴噶舉主寺。
公元1179年	藏曆第三饒迥土豬年	宋孝宗淳熙六年	郊巴•齊丹貢布建直貢替寺，是為直貢噶舉主寺。
公元1180年	藏曆第三饒迥鐵鼠年	宋孝宗淳熙七年	達隆塘巴•扎西貝建達隆寺，是為達隆噶舉主寺。
公元1187年	藏曆第三饒迥火牛年	宋孝宗淳熙十四年	都松欽巴建楚布寺，是為噶瑪噶舉主寺。
公元1206年	藏曆第三饒迥火虎年	南宋理宗開禧二年	蒙古成吉思汗用兵土伯特，至柴達木。雅桑巴•卻吉門朗建雅桑寺，是為雅桑噶舉主寺。
公元1221年	藏曆第四饒迥金蛇年	南宋寧宗嘉定十四年	蔡巴派僧人往蒙古傳佛法。
公元1240年	藏曆第四饒迥鐵鼠年	宋理宗嘉熙四年	蒙古軍到達西藏，在熱振、杰拉康擊敗西藏僧俗的武裝反抗，全藏震動。
公元1244年	藏曆第四饒迥木龍年	宋理宗淳祐四年	薩迦班智達貢噶堅贊（簡稱薩班）應邀，於年底動身前往涼州會見成吉思汗之孫闊端。

公元 1247 年	藏曆第四饒迴火羊年	宋理宗淳祐七年／蒙古定宗二年	闊端會見薩班，雙方議定西藏歸順蒙古的各項事宜，薩班致函西藏各地僧俗首領，勸其繳納貢賦、呈報戶籍，真正降附蒙古汗國。
公元 1251 年	藏曆第四饒迴鐵豬年	宋理宗淳祐十一年／蒙古憲宗元年	八思巴承薩班繼任薩迦派教主。
公元 1253 年	藏曆第四饒迴水牛年	宋理宗寶祐元年／蒙古憲宗三年	蒙古滅大理，八思巴應召與忽必烈相見。
公元 1255 年	藏曆第四饒迴木兔年	宋理宗寶祐三年／蒙古憲宗五年	第二世噶瑪巴活佛噶瑪拔希應召到康區，會見南征返回的忽必烈；後北上，前去蒙古，被憲宗蒙哥汗及其弟阿里不哥尊為上師，憲宗賜給他金邊黑帽。
公元 1260 年	藏曆第四饒迴鐵猴年	宋理宗景定元年／元世祖中統元年	蒙古忽必烈(元世祖)即位，尊八思巴為國師，命製蒙古新字。噶瑪撥希因有支持阿里不哥與忽必烈爭位的嫌疑而被監禁和流放。
公元 1262 年	藏曆第四饒迴水狗年	宋理宗景定三年／元世祖中統三年	釋迦桑布用八思巴寄回的金銀財物建薩迦寺大金頂殿，是為西藏最早的金頂殿。元朝在藏族地區設立驛站，清查土地和人口。
公元 1264 年	藏曆第四饒迴木鼠年	宋理宗景定五年／元世祖至元元年	元世祖遷都大都(今北京)，設總制院，管理全國的佛教僧人和整個吐蕃地區，詔八思巴領總制院事，噶瑪洛地方藏人桑哥任院使。噶瑪撥希獲釋後返回楚布寺。八思巴獲賜珍珠詔書，與其弟白蘭王恰那多吉動身返藏。
公元 1265 年	藏曆第四饒迴木牛年	宋度宗咸淳元年／元世祖至元二年	八思巴兄弟返抵薩迦。八思巴主持建立西藏行政體制，劃分衛藏 13 萬戶，以薩迦本欽總領。
公元 1268 年	藏曆第五饒迴土龍年	宋度宗咸淳四年／元世祖至元五年	忽必烈派員與薩迦本欽釋迦桑波調查烏思藏戶口，設立 13 萬戶。
公元 1269 年	藏曆第五饒迴土蛇年	宋度宗咸淳五年／元世祖至元六年	八思巴抵大都，獻上所製蒙古新字，忽必烈下令頒行。
公元 1270 年	藏曆第五饒迴鐵馬年	宋度宗咸淳六年／元世祖至元七年	忽必烈再次從八思巴接受灌頂，獻大供養；升八思巴為大元帝師，賜玉印；並命八思巴弟子膽巴國師主持五台山壽寧寺。
公元 1271 年	藏曆第五饒迴金羊年	宋度宗咸淳七年／元世祖至元八年	元朝建國號大元。
公元 1274 年	藏曆第五饒迴木狗年	宋度宗咸淳十年／元世祖至元十一年	八思巴從臨洮動身回薩迦。元朝命其異母弟仁欽堅贊為帝師。
公元 1275 年	藏曆第五饒迴木豬年	宋恭帝德祐元年／元世祖至元十二年	元軍渡長江攻滅南宋，八思巴回藏途中上表祝賀統一海內。
公元 1276 年	藏曆第五饒迴火鼠年	元世祖至元十三年	八思巴在皇太子真金護送下返抵薩迦寺，為太子著《彰所知論》。
公元 1277 年	藏曆第五饒迴火牛年	元世祖至元十四年	由真金太子任施主，八思巴召集衛藏僧俗10萬人在曲彌仁摩寺舉行大法會。
公元 1280 年	藏曆第五饒迴鐵龍年	元世祖至元十七年	元朝在西藏設立烏思藏納里索等三路宣慰使司都元帥府，管理西藏軍政、驛站。年底，八思巴在薩迦圓寂，忽必烈派桑哥率領10萬執法軍入藏，攻破白朗甲若宗，處死本欽貢噶桑波；元朝在西藏設立駐軍，整頓驛站。
公元 1281 年	藏曆第五饒迴鐵蛇年	元世祖至元十八年	達瑪巴拉任薩迦教主。薩迦家族內爭，元世祖下令流放達尼欽波桑波貝到江南。
公元 1282 年	藏曆第五饒迴水馬年	元世祖至元十九年	達瑪巴拉到大都，被封為帝師。
公元 1285 年	藏曆第五饒迴木雞年	元世祖至元二十二年	忽必烈命達瑪巴拉等藏漢高僧在大都勘校藏、漢文佛教典籍，編製《至元法寶勘同總錄》。八思巴的弟子、漢僧胡將祖把《新唐書•吐蕃傳》譯成藏文，由仁欽扎國師於泰定二年（1325）在臨洮刻版印行。
公元 1287 年	藏曆第五饒迴火豬年	元世祖至元二十四年	元朝派金字使臣到西藏清查戶口，寫造「大清冊」(戶口登記冊)；封薩迦派僧人意希仁欽為帝師；任命桑哥為宰相，整頓財政。止貢派與薩迦派發生武裝衝突。
公元 1288 年	藏曆第五饒迴土鼠年	元世祖至元二十五年	元朝改總制院為宣政院，掌管全國佛教及藏族地區行政事務。噶瑪撥希的弟子鄔堅巴主持認定讓迥多吉為噶瑪撥希的轉世，是為藏傳佛教首次實行活佛轉世。
公元 1290 年	藏曆第五饒迴鐵虎年	元世祖至元二十七年	止貢派與薩迦派矛盾演變為武裝衝突後，忽必烈派王子鐵木兒不花率軍入藏，與本欽阿迦侖合兵攻破止貢，燒毀止貢寺大殿；後封鐵木兒不花為鎮西武靖王，賜給阿迦侖羊卓萬戶。
公元 1291 年	藏曆第五饒迴鐵兔年	元世祖至元二十八年	元朝封薩迦派僧人扎巴俄色為帝師；因蒙古貴族大

			臣控告，桑哥被下獄處死。
公元 1294 年	藏曆第五饒迥木馬年	元世祖至元三十一年	大學者覺丹熱智編定抄寫成納塘大藏經《甘珠爾》和《丹珠爾》。
公元 1298 年	藏曆第五饒迥土狗年	元成宗大德二年	元成宗准許達尼欽波桑波貝從江南流放地返回薩迦，承認他為薩迦款氏家族血統，並命其繁衍後裔。
公元 1315 年	藏曆第五饒迥木兔年	元仁宗延祐二年	元朝封達尼欽波桑波貝之子貢噶洛追堅贊貝桑布為帝師。
公元 1322 年	藏曆第五饒迥水狗年	元英宗至治二年	帝師貢噶洛追堅贊貝桑布返回西藏受比丘戒，任命絳曲堅贊為帕竹萬戶長；元朝以薩迦派僧人旺秋堅贊代理帝師。
公元 1327 年	藏曆第六饒迥火兔年	元泰定帝泰定四年	元朝封貢噶勒貝迥乃堅贊貝桑布為帝師。鄔堅袞波建成類烏齊寺大殿。
公元 1328 年	藏曆第六饒迥土龍年	元文宗天曆元年	薩迦派喇嘛薩迦巴•索南堅贊開始撰寫《西藏王統世系明鑒》。
公元 1331 年	藏曆第六饒迥鐵羊年	元文宗至順二年	噶瑪巴•讓迥多吉應召前往大都傳法。
公元 1333 年	藏曆第六饒迥水雞年	元順帝元統元年	元朝封貢噶堅贊貝桑波為帝師。
公元 1336 年	藏曆第六饒迥火鼠年	元順帝至元二年	元朝再次遣使入藏迎請噶瑪巴•讓迥多吉進京。次年到達大都。
公元 1337 年	藏曆第六饒迥火牛年	元順帝至元三年	印度穆罕默德•土格魯克自德里率軍10萬入侵喜馬拉雅山西段，至次年全軍覆沒。
公元 1344 年	藏曆第六饒迥木猴年	元順帝至正四年	帕竹與薩迦相爭。
公元 1346 年	藏曆第六饒迥火狗年	元順帝至正六年	蔡巴萬戶長貢噶多吉開始撰寫《紅史》。
公元 1347 年	藏曆第六饒迥火豬年	元順帝至正七年	薩迦款氏家族內訌，分裂為四個拉讓。
公元 1348 年	藏曆第六饒迥土鼠年	元順帝至正八年	蔡巴•貢噶多吉出資寫造大藏經。
公元 1349 年	藏曆第六饒迥木牛年	元順帝至正九年	帕竹絳曲堅贊勢力強大，統領前藏地區；開始興建澤當寺，並派使者到大都朝貢。
公元 1350 年	藏曆第六饒迥鐵虎年	元順帝至正十年	帕竹滅止貢，盡取其地。
公元 1353 年	藏曆第六饒迥水蛇年	元順帝至正十三年	蔡巴•貢噶多吉迎請布敦仁欽珠為蔡巴《藏文大藏經》開光。
公元 1354 年	藏曆第六饒迥木馬年	元順帝至正十四年	薩迦內訌，帕竹絳曲堅贊攻薩迦，掩有前後藏地區；在乃東建立帕竹第悉政權，興建桑珠孜城堡（即今日喀則）。
公元 1358 年	藏曆第六饒迥土狗年	元順帝至正十七年	元朝封喇欽索南洛追為帝師。絳曲堅贊消滅薩迦政權，開始統治整個西藏，元順帝封他為大司徒，賜玉印。
公元 1362 年	藏曆第六饒迥水虎年	元順帝至正二十二年	隆欽巴著《隆欽教法史》。
公元 1365 年	藏曆第六饒迥木蛇年	元順帝至正二十五年	釋迦堅贊繼任帕竹第悉。
公元 1368 年	藏曆第六饒迥土猴年	明太祖洪武元年	明朝建國號，定都南京。
公元 1369 年	藏曆第六饒迥土雞年	明太祖洪武二年	明太祖遣元外郎許允德往諭吐蕃，元吐蕃宣慰使司鎖南普等到南京朝貢，繳回元所授金銀牌印宣敕。
公元 1371 年	藏曆第六饒迥金豬年	明太祖洪武四年	明朝設河州衛，命鎖南普為指揮同知，予世襲。
公元 1372 年	藏曆第六饒迥木鼠年	明太祖洪武五年	明朝設茶馬司於川、陝，聽吐蕃納馬易茶，賜金牌信符，以防詐偽；封釋迦堅贊為灌頂國師，賜給世代管領吐蕃三個卻喀的詔書，是為帕竹朗氏家族統治西藏的根本文書依據。
公元 1373 年	藏曆第六饒迥水牛年	明太祖洪武六年	薩迦派攝帝師喃加巴藏卜等到南京朝見明太祖，被封為熾盛佛寶國師；明朝授烏思藏政教首領60人官職，設烏思藏、朵甘衛指揮使司。
公元 1375 年	藏曆第六饒迥木兔年	明太祖洪武八年	明朝設帕木竹巴萬戶府。
公元 1379 年	藏曆第六饒迥土羊年	明太祖洪武十二年	明朝在松州兼置衛，後於 1387 年改松州衛為松潘等處軍民指揮使司。
公元 1381 年	藏曆第六饒迥鐵雞年	明太祖洪武十四年	索南扎巴繼任為帕竹第悉。
公元 1385 年	藏曆第六饒迥木牛年	明太祖洪武十八年	扎巴堅贊繼任帕竹第悉。
公元 1388 年	藏曆第七饒迥土龍年	明太祖洪武二十一年	明太祖封給扎巴堅贊王爵，賜金印；宗喀巴著《現觀莊嚴論獅子賢釋注疏•善説金珠》，並從此時起在法會上改戴黃色桃形僧帽。
公元 1395 年	藏曆第七饒迥木豬年	明太祖洪武二十八年	絳達•南杰札桑在後藏昂仁出生，後著有《八支集要如意珍寶論》、《醫學本續論》、《醫宗寶燈》、《推算日月食難點廣論》、《體系派曆算廣論》等，發展成為藏醫藥學的北方學派。
公元 1407 年	藏曆第七饒迥火豬年	明成祖永樂五年	明成祖封館覺地方政教首領南哥巴藏卜為灌頂國師護教王；封靈藏地方政教首領著思巴兒監藏為灌頂

			國師贊善王，均賜金印、誥命等，並命他們重設站；封噶瑪巴•得銀協巴為大寶法王。
公元 1408 年	藏曆第七饒迥土鼠年	明成祖永樂六年	明成祖召請宗喀巴進京，弟子釋迦也失被派為代表進京朝見。
公元 1409 年	藏曆第七饒迥土牛年	明成祖永樂七年	明成祖封扎巴堅贊為灌頂國師闡化王，賜玉印；由闡化王任施主，宗喀巴在拉薩大昭寺創立傳召法會，會後在拉薩東北建甘丹寺，標誌格魯派正式形成。
公元 1410 年	藏曆第七饒迥鐵虎年	明成祖永樂八年	明成祖以太監侯顯從西藏帶回的《藏文大藏經》為底本，在南京刻印《藏文大藏經》。
公元 1416 年	藏曆第七饒迥火猴年	明成祖永樂十四年	宗喀巴的弟子絳央曲杰在拉薩興建哲蚌寺。
公元 1418 年	藏曆第七饒迥土狗年	明成祖永樂十六年	江孜地方首領熱丹貢桑帕建造巨幅緞製佛像，並在宗喀巴弟子克珠杰等的協助下動工興建江孜白居寺。
公元 1419 年	藏曆第七饒迥土豬年	明成祖永樂十七年	釋迦也失在拉薩北郊建色拉寺。
公元 1432 年	藏曆第七饒迥水鼠年	明宣宗宣德七年	扎巴迥乃繼任帕竹第悉。
公元 1434 年	藏曆第七饒迥木虎年	明宣宗宣德九年	明朝賜封釋迦也失為大慈法王；帕竹家族發生內亂，仁蚌巴•諾布桑波趁機擴大勢力控制後藏地區。克珠杰著《時輪大疏無垢光明》，達倉宗巴•班覺桑布著《漢藏史集》。
公元 1437 年	藏曆第七饒迥火蛇年	明英宗正統二年	根敦珠巴著《量理莊嚴論》。
公元 1439 年	藏曆第七饒迥土羊年	明英宗正統四年	舒卡娃•年美多吉生於前藏塔波地區，後著有《四部醫典廣注•水晶彩函》、《珍寶藥物識別》、《藥味論》等，發展成為藏醫藥學的南方學派。
公元 1440 年	藏曆第七饒迥鐵猴年	明英宗正統五年	明朝封帕竹第悉扎巴迥乃繼任闡化王。
公元 1444 年	藏曆第七饒迥木鼠年	明英宗正統九年	宗喀巴的弟子喜饒桑波創建昌都強巴林寺。
公元 1446 年	藏曆第七饒迥火虎年	明英宗正統十一年	扎巴迥乃之父且薩桑結堅贊向明朝請求「借襲」闡化王，得到英宗批准。
公元 1447 年	藏曆第八饒迥火兔年	明英宗正統十二年	根敦珠巴在桑珠孜城堡建扎什倫布寺。
公元 1448 年	藏曆第八饒迥土龍年	明英宗正統十三年	湯東杰布為德格大寺奠基，動工興建。次年(1449)發生「土木堡之變」，明朝無暇顧及封授貢噶勒巴，闡化王一職由且薩桑結堅贊繼續「借襲」。
公元 1464 年	藏曆第八饒迥木猴年	明英宗天順八年	吞米•貢噶南杰興建貢噶曲德寺，根敦珠巴寫造《藏文大藏經•甘珠爾》。
公元 1469 年	藏曆第八饒迥土牛年	明憲宗成化五年	憲宗遣使入藏封貢噶勒巴為闡化王，貢噶勒巴與其子仁欽多吉失和，帕竹政權再次發生混亂。
公元 1474 年	藏曆第八饒迥木馬年	明憲宗成化十年	貢噶頓珠建拉薩上密院。
公元 1476 年	藏曆第八饒迥火猴年	明憲宗成化十二年	郭譯師旋努拜開始撰寫《青史》。
公元 1480 年	藏曆第八饒迥鐵鼠年	明憲宗成化十六年	仁蚌巴•頓月多吉利用帕竹家族內爭，進兵乃東，掌握帕竹政權的實權。
公元 1481 年	藏曆第八饒迥鐵牛年	明憲宗成化十七年	仁蚌巴•頓月多吉逼迫貢噶勒巴退位，由其侄阿格旺波繼任帕竹第悉。當時帕竹朗氏家族只剩他一個男性後裔，故臣下請求分娶妻繁衍後代，從此帕竹第悉改由父子世襲。
公元 1490 年	藏曆第八饒迥鐵狗年	明孝宗弘治三年	從是年始直到1499年，帕竹由攝政官「替東」掌政9年。卻吉扎巴在拉薩北面興建羊八井寺，成為噶瑪噶舉派另一個主要寺院。
公元 1494 年	藏曆第八饒迥木虎年	明孝宗弘治七年	貢噶堅贊著《噶當派教法史》。
公元 1495 年	藏曆第八饒迥土兔年	明孝宗弘治八年	桑結堅贊著《米拉日巴傳》。
公元 1498 年	藏曆第八饒迥土虎年	明孝宗弘治十一年	仁蚌巴•頓月多吉下令禁止拉薩三大寺僧人參加拉薩傳召大法會，長達 19 年。
公元 1509 年	藏曆第九饒迥土蛇年	明武宗正德四年	根敦嘉措在山南建曲科杰寺。
公元 1512 年	藏曆第九饒迥水猴年	明武宗正德七年	明朝封阿旺扎西扎巴為闡化王，根敦嘉措任扎什倫布寺住持。
公元 1515 年	藏曆第九饒迥木豬年	明武宗正德十年	從本年開始，以帕竹第悉阿旺扎西扎巴為首的前藏地方首領和以仁蚌巴為首的後藏地方首領發生多年混戰。
公元 1517 年	藏曆第九饒迥火牛年	明武宗正德十二年	帕竹第悉的部下擊敗仁蚌巴，阿旺扎西扎巴下令恢復格魯派僧人組織傳召法會的權利；根敦嘉措就任哲蚌寺住持，其歷輩轉世（達賴喇嘛）成為該寺寺主活佛。
公元 1518 年	藏曆第九饒迥土虎年	明武宗正德十三年	根敦嘉措主持拉薩傳召法會；闡化王阿旺扎西扎巴將其在哲蚌寺的一座別墅贈給根敦嘉措作為住所，更名為甘丹頗章。

公元 1525 年	藏曆第九饒迴木雞年	明世宗嘉靖四年	根敦嘉措就任色拉寺住持，此後歷輩達賴喇嘛照例也要擔任色拉寺住持。班欽•索南扎巴著《中觀總義》。
公元 1529 年	藏曆第九饒迴土牛年	明世宗嘉靖八年	班欽•索南扎巴著《格魯派教法史》。
公元 1538 年	藏曆第九饒迴土狗年	明世宗嘉靖十七年	班欽•索南扎巴著《新紅史》。
公元 1545 年	藏曆第九饒迴木蛇年	明世宗嘉靖二十四年	巴臥•祖拉陳哇著洛扎教法史《智者喜宴》，至嘉靖四十三年（1564）成書。
公元 1546 年	藏曆第九饒迴火馬年	明世宗嘉靖二十五年	索南嘉措被迎至哲蚌寺坐床，是為格魯派活佛採用轉世制度之始。
公元 1559 年	藏曆第九饒迴土羊年	明世宗嘉靖三十八年	土默特蒙古首領俺答汗襲據青海。
公元 1565 年	藏曆第九饒迴木牛年	明世宗嘉靖四十四年	帕竹政權分為乃東和貢噶兩支；桑珠孜宗本辛廈巴•次旦多吉取代仁蚌巴家族，佔據後藏大部分地區。同年，卒，其子辛廈巴•丹松旺波繼承權位。
公元 1571 年	藏曆第十饒迴鐵羊年	明穆宗隆慶五年	明朝封俺答汗為順義王。
公元 1578 年	藏曆第十饒迴土虎年	明神宗萬曆六年	俺答汗迎請索南嘉措至青海，贈給「聖識一切瓦齊爾達喇達賴喇嘛」名號，是為「達賴喇嘛」名號之始，亦為格魯派勢力深入蒙古地區之始。因明朝官員的邀請，索南嘉措到甘州，向朝廷上奏章，受到封賞。
公元 1579 年	藏曆第十饒迴土兔年	明神宗萬曆七年	索南嘉措按明朝要求勸說俺答汗回土默特，並派弟子東科爾活佛隨去，自己回藏。
公元 1580 年	藏曆第十饒迴鐵龍年	明神宗萬曆八年	索南嘉措在回藏途中建理塘寺。
公元 1583 年	藏曆第十饒迴水羊年	明神宗萬曆十一年	索南嘉措應邀前往土默特參加俺答汗葬禮，路過青海宗喀巴出生地時，興建彌勒殿，使塔爾寺初具規模。
公元 1588 年	藏曆第十饒迴土鼠年	明神宗萬曆十六年	明朝封索南嘉措為「朵兒只唱」，召請他進京朝見，索南嘉措在進京途中圓寂。
公元 1592 年	藏曆第十饒迴水龍年	明神宗萬曆二十年	格魯派和蒙古土默特部王公認定俺答汗的一個曾孫為索南嘉措的轉世，此即四世達賴喇嘛雲登嘉措。
公元 1594 年	藏曆第十饒迴木馬年	明神宗萬曆二十二年	在北京刻印萬曆版《藏文大藏經》。
公元 1603 年	藏曆第十饒迴水兔年	明神宗萬曆三十一年	雲登嘉措抵達拉薩途中，在熱振寺舉行坐床儀式。
公元 1609 年	藏曆第十饒迴土雞年	明神宗萬曆三十七年	雲南麗江土司刻印《藏文大藏經•甘珠爾》，後來經版存於理塘，稱理塘版《藏文大藏經》。
公元 1611 年	藏曆第十饒迴鐵豬年	明神宗萬曆三十九年	辛廈巴•丹松旺波之子噶瑪彭措南杰繼任後藏地區的第悉，史稱第悉藏巴。
公元 1614 年	藏曆第十饒迴木虎年	明神宗萬曆四十二年	雲登嘉措以時任扎什倫布寺住持的四世班禪羅桑曲杰為師，受比丘戒，建立師徒關係，從此形成達賴、班禪兩大活佛世系以長者為師，互為師徒的傳統。
公元 1616 年	藏曆第十饒迴火龍年	明神宗萬曆四十四年	明朝派員入藏，封雲登嘉措為「普持金剛佛」，並邀請他進京朝見。雲登嘉措答應進京，但同年底圓寂於哲蚌寺。
公元 1617 年	藏曆第十饒迴火蛇年	明神宗萬曆四十五年	第悉藏巴的軍隊大敗支持格魯派的第悉吉雪巴和蒙古的聯軍，哲蚌寺、色拉寺數千僧人被殺，其寺屬莊園和屬民被沒收；在達囗寺住持的調停下，第悉藏巴同意在向他繳納罰金的條件下，格魯派僧人可以返回哲蚌和色拉寺，但下令禁止尋找雲登嘉措的轉世靈童。
公元 1618 年	藏曆第十饒迴土虎年	明神宗萬曆四十六年	第悉藏巴噶瑪彭措南杰進兵雅隆，控制前後藏大部分地區，號稱「藏堆杰波」，清初漢譯為「藏巴汗」。
公元 1621 年	藏曆第十饒迴鐵雞年	明熹宗天啟元年	青海蒙古土默特部拉尊窮哇的軍隊應雲登嘉措的強佐索南嘉措之請，在拉薩大敗第悉藏巴，正在哲蚌寺的四世班禪出面調停，第悉藏巴被迫同意歸還哲蚌寺和色拉寺被沒收的莊園和屬民，並准許達賴喇嘛轉世。噶瑪彭措南杰去世，由其子噶瑪丹迥旺波繼位，年僅 17 歲。
公元 1622 年	藏曆第十饒迴水狗年	明熹宗天啟二年	山南瓊結的阿旺羅桑嘉措被認定為第五世達賴喇嘛，經第悉藏巴噶瑪丹迥旺波允許，被迎請到哲蚌寺坐床。
公元 1624 年	藏曆第十饒迴木鼠年	明熹宗天啟四年	西洋耶穌會教士德安瑞特等自阿里南端潛入，是為西洋傳教士進入中國藏族地區之始。
公元 1629 年	藏曆第十一饒迴土蛇年	明思宗崇禎二年	達欽阿旺貢噶索南著《薩迦世系史》。
公元 1630 年	藏曆第十一饒迴鐵馬年	明思宗崇禎三年	阿里僧俗暴動，消滅入侵的教會勢力，推翻了古格王朝。
公元 1635 年	藏曆第十一饒迴木豬年	明思宗崇禎八年	佔據青海的蒙古喀爾喀部卻圖汗派其子阿爾斯蘭領兵進藏，支持第悉藏巴和噶瑪噶舉派反對格魯派，

			阿爾斯蘭進藏後卻與格魯派親近，派兵攻打第悉藏巴。後被部將所殺。
公元 1636 年	藏曆第十一饒迥火鼠年	明思宗崇禎九年/清崇德元年	清朝建國號。
公元 1637 年	藏曆第十一饒迥火牛年	明思宗崇禎十年/清崇德二年	衛拉特蒙古和碩特首領固始汗因格魯派的請求，率兵從新疆南下青海，一舉攻滅卻圖汗；之後帶少數隨從到拉薩會見五世達賴和四世班禪。
公元 1638 年	藏曆第十一饒迥土虎年	明思宗崇禎十一年/清崇德三年	李自成起義軍自洮州進入藏族地區；清以蒙古衙門改為理藩院。
公元 1639 年	藏曆第十一饒迥土兔年	明思宗崇禎十二年/清崇德四年	固始汗進兵康區，滅白利土司頓月多吉；西藏各地方勢力首領聯合派戴青曲杰為代表到瀋陽與清朝建立聯繫。
公元 1642 年	藏曆第十一饒迥水馬年	明思宗崇禎十五年/清崇德七年	固始汗消滅第悉藏巴政權，將前後藏獻給五世達賴喇嘛，委任索南饒丹為第悉，管理行政。從此，蒙古和碩特與格魯派聯合建立甘丹頗章政權。
公元 1643 年	藏曆第十一饒迥水羊年	明思宗崇禎十六年/清崇德八年	五世達賴喇嘛撰寫《西藏王臣記》。
公元 1644 年	藏曆第十一饒迥木猴年	清世祖順治元年	清朝定都北京。西藏使者戴青曲杰返回拉薩，帶回清朝皇帝的書信和禮品。固始汗、五世達賴和四世班禪等遣使到北京祝賀順治皇帝登上中原皇位。
公元 1645 年	藏曆第十一饒迥木雞年	清世祖順治二年	五世達賴喇嘛動工興建布達拉宮。固始汗贈四世班禪「班禪博克多」稱號，是為班禪名號之始。
公元 1647 年	藏曆第十一饒迥火豬年	清世祖順治四年	蒙藏聯軍進攻不丹，先勝後敗，約和而還。五世達賴著《詩鏡論釋難》。
公元 1648 年	藏曆第十一饒迥土鼠年	清世祖順治五年	布達拉宮白宮部分建成。
公元 1652 年	藏曆第十一饒迥水龍年	清世祖順治九年	五世達賴就順治帝邀請進京朝見。
公元 1653 年	藏曆第十一饒迥水蛇年	清世祖順治十年	清朝正式冊封五世達賴為「西天大善自在佛普通瓦赤喇怛喇達賴喇嘛」，賜金冊金印，並封固始汗為「遵行文義敏慧顧實汗」。
公元 1659 年	藏曆第十一饒迥土豬年	清世祖順治十六年	十世噶瑪巴黑帽系活佛卻英多吉從雲南麗江派人到北京向清朝皇帝進貢。
公元 1660 年	藏曆第十一饒迥鐵鼠年	清世祖順治十七年	五世達賴喇嘛開始委任第悉，委任仲麥巴•赤列嘉措為第悉。
公元 1673 年	藏曆第十一饒迥水牛年	清聖祖康熙十二年	按照皇帝旨意，十世噶瑪巴黑帽系活佛和六世噶瑪巴紅帽系活佛的轉世靈童回到拉薩，五世達賴喇嘛會見了他們，由此噶瑪噶舉派與格魯派消除敵對。
公元 1679 年	藏曆第十一饒迥土羊年	清聖祖康熙十八年	五世達賴喇嘛委任桑結嘉措為第悉，第悉桑結嘉措制定《十二法》；西藏與拉達克發生戰爭。
公元 1681 年	藏曆第十一饒迥鐵雞年	清聖祖康熙二十年	蒙藏軍在拉達克獲勝。第悉桑結嘉措著《法律文書•水晶鑒》。
公元 1682 年	藏曆第十一饒迥水狗年	清聖祖康熙二十一年	五世達賴喇嘛卒，第悉桑結嘉措匿喪，以其名義處理政教事務。
公元 1683 年	藏曆第十一饒迥水豬年	清聖祖康熙二十二年	康熙帝下令在北京刻印《藏文大藏經•甘珠爾》，1724 年雍正帝下令刻印《藏文大藏經•丹珠爾》，合稱康熙版《藏文大藏經》，亦稱北京版《藏文大藏經》。
公元 1685 年	藏曆第十一饒迥木牛年	清聖祖康熙二十四年	第悉桑結嘉措寫成曆算著作《白琉璃》。
公元 1686 年	藏曆第十一饒迥火虎年	清聖祖康熙二十五年	第悉桑結嘉措派人秘密認定倉央嘉措為五世達賴喇嘛的轉世，安置在措那宗。
公元 1688 年	藏曆第十二饒迥土龍年	清聖祖康熙二十七年	第悉桑結嘉措著《藍琉璃》，並命洛扎•丹增羅布等人將內容繪成 60 幅唐卡。
公元 1690 年	藏曆第十二饒迥鐵馬年	清聖祖康熙二十九年	第悉桑結嘉措主持建成布達拉宮紅宮部分。
公元 1694 年	藏曆第十二饒迥木狗年	清聖祖康熙三十三年	康熙帝冊封第悉桑結嘉措為「掌瓦赤喇怛喇達賴喇嘛教弘宣佛法王」，賜金印；桑結嘉措在康熙帝責問下，為五世達賴喇嘛發喪，並在布達拉宮內興建靈塔。
公元 1697 年	藏曆第十二饒迥火牛年	清聖祖康熙三十六年	經康熙帝同意，六世達賴喇嘛倉央嘉措在布達拉宮坐床，二世章嘉呼圖克圖奉旨到拉薩看視。
公元 1698 年	藏曆第十二饒迥土虎年	清聖祖康熙三十七年	第悉桑結嘉措著《格魯派教法史•黃琉璃》。
公元 1704 年	藏曆第十二饒迥木猴年	清聖祖康熙四十三年	洛扎•丹增羅布等人根據《月王藥診》等書補繪，完成 79 幅全套藏醫藥唐卡圖。
公元 1705 年	藏曆第十二饒迥木雞年	清聖祖康熙四十四年	蒙古和碩特部汗王拉藏汗殺第悉桑結嘉措，廢六世達賴倉央嘉措，改立伊喜嘉措，但長期不被西藏僧俗承認。

公元 1706 年	藏曆第十二饒迴火狗年	清聖祖康熙四十五年	倉央嘉措解送北京途中，在青海湖邊去世。
公元 1709 年	藏曆第十二饒迴土牛年	清聖祖康熙四十八年	清朝派侍郎赫壽進藏查辦藏事。一世嘉木樣活佛阿旺尊追在甘南夏河奠基建拉卜楞寺。
公元 1713 年	藏曆第十二饒迴水蛇年	清聖祖康熙五十二年	清朝正式冊封五世班禪為「班禪額爾德尼」，賜金冊金印。
公元 1717 年	藏曆第十二饒迴火雞年	清聖祖康熙五十六年	蒙古準噶爾部入侵西藏，拉藏汗兵敗被殺，所立伊喜嘉措亦被廢黜。
公元 1718 年	藏曆第十二饒迴土狗年	清聖祖康熙五十七年	康熙命額倫特率兵數千入藏驅逐準噶爾軍，在藏北那曲與準噶爾軍交戰，全軍覆沒。朵喀夏促 • 次仁旺杰著小説《宣努達美》。
公元 1719 年	藏曆第十二饒迴土豬年	清聖祖康熙五十八年	康熙帝封康區察雅切倉活佛為呼圖克圖。
公元 1720 年	藏曆第十二饒迴鐵鼠年	清聖祖康熙五十九年	康熙派皇十四子到塔爾寺，封格桑嘉措為「弘法覺眾達賴喇嘛」，是為七世達賴。清軍在青海蒙古各部的配合下，進軍西藏，護送格桑嘉措到拉薩坐床。
公元 1721 年	藏曆第十二饒迴鐵牛年	清聖祖康熙六十年	清朝大軍驅逐入侵的準噶爾部，廢止西藏汗王制，封康濟鼐為貝子，與阿爾布巴、隆布鼐等共同掌管西藏政務。卓尼土司出資刻印《藏文大藏經 • 甘珠爾》，史稱卓尼版《藏文大藏經》。
公元 1723 年	藏曆第十二饒迴水兔年	清世宗雍正元年	蒙古和碩特部首領羅卜藏丹津在青海發動反清叛亂。雍正帝封頗羅鼐、扎爾鼐為台吉，封七世達賴喇嘛之父為公爵。
公元 1724 年	藏曆第十二饒迴木龍年	清世宗雍正二年	清朝平定羅卜藏丹津之亂，在西寧設辦事大臣。
公元 1727 年	藏曆第十二饒迴火羊年	清世宗雍正五年	西藏統治集團內部發生內爭，前後藏發生戰亂，清朝派大臣駐藏辦事。
公元 1728 年	藏曆第十二饒迴土猴年	清世宗雍正六年	頗羅鼐戰勝阿爾布巴等，進入拉薩。清軍到藏後，處死阿爾布巴等，命頗羅鼐掌管西藏政務；設駐藏大臣辦事衙門。
公元 1729 年	藏曆第十二饒迴土雞年	清世宗雍正七年	德格土司丹巴澤仁建德格印經院，刻印《藏文大藏經 • 甘珠爾》。
公元 1733 年	藏曆第十二饒迴水牛年	清世宗雍正十一年	朵喀夏仲 • 次仁旺杰著《頗羅鼐傳》。
公元 1734 年	藏曆第十二饒迴木虎年	清世宗雍正十二年	雍正帝派副都統福壽和章嘉活佛若必多吉到康區泰寧寺看望七世達賴喇嘛。
公元 1735 年	藏曆第十二饒迴木兔年	清世宗雍正十三年	七世達賴喇嘛在清軍護送下返回拉薩。1737年德格印經院刻印《藏文大藏經 • 丹珠爾》，完成德格版《藏文大藏經》。
公元 1740 年	藏曆第十二饒迴鐵猴年	清高宗乾隆五年	乾隆皇帝封頗羅鼐為郡王。
公元 1741 年	藏曆第十二饒迴鐵雞年	清高宗乾隆六年	頗羅鼐出資在納塘寺刻印《藏文大藏經 • 丹珠爾》。
公元 1744 年	藏曆第十二饒迴木鼠年	清高宗乾隆九年	乾隆命章嘉呼圖克呼主持，將雍正帝即位前的住所雍和宮改為藏傳佛教寺院，並命七世達賴喇嘛派遣僧人來擔任扎倉堪布。
公元 1747 年	藏曆第十三饒迴火兔年	清高宗乾隆十二年	頗羅鼐去世，其子珠爾墨特那木扎勒承襲郡王爵位。
公元 1748 年	藏曆第十三饒迴土龍年	清高宗乾隆十三年	乾隆帝派畫師測繪布達拉宮；松巴堪布在青海祐寧寺著《如意寶樹史》。
公元 1750 年	藏曆第十三饒迴鐵馬年	清高宗乾隆十五年	郡王珠爾墨特那木扎勒陰謀聯結蒙古準噶爾反清，被駐藏大臣傅清、拉卜敦誘殺。但駐藏大臣被其黨羽所殺，七世達賴平定餘亂。
公元 1751 年	藏曆第十三饒迴鐵羊年	清高宗乾隆十六年	乾隆帝制定《酌定西藏善後章程》十三條，廢郡王制，命七世達賴喇嘛掌管西藏政教大權，其下設四名噶倫，組成噶廈，辦理行政事務，由達賴喇嘛和駐藏大臣共同領導。
公元 1754 年	藏曆第十三饒迴木狗年	清高宗乾隆十九年	七世達賴喇嘛設立布達拉宮僧官學校，建羅布林卡的格桑頗章。
公元 1757 年	藏曆第十三饒迴火牛年	清高宗乾隆二十二年	七世達賴喇嘛去世，乾隆命第穆活佛出任攝政，是為攝政制度之始。章嘉活佛奉旨入藏主持辦理認定七世達賴喇嘛的轉世靈童等事宜。
公元 1759 年	藏曆第十三饒迴土兔年	清高宗乾隆二十四年	乾隆帝賜給第穆活佛封誥及銀印。
公元 1779 年	藏曆第十三饒迴土豬年	清高宗乾隆四十四年	六世班禪到熱河朝見乾隆皇帝，祝賀皇帝七十壽辰。
公元 1780 年	藏曆第十三饒迴鐵鼠年	清高宗乾隆四十五年	六世班禪在北京圓寂。
公元 1787 年	藏曆第十三饒迴火羊年	清高宗乾隆五十二年	蒂爾瑪 • 丹增平措寫成藏藥名著《晶表本草》。
公元 1788 年	藏曆第十三饒迴土猴年	清高宗乾隆五十三年	廓爾喀軍侵擾後藏。
公元 1791 年	藏曆第十三饒迴鐵豬年	清高宗乾隆五十六年	廓爾喀軍再次侵擾後藏，搶劫扎什倫布寺。
公元 1792 年	藏曆第十三饒迴水鼠年	清高宗乾隆五十七年	清朝增派福康安率領大軍入藏反擊廓爾喀軍；乾隆

			帝派員入藏管理鑄造西藏錢幣。
公元 1793 年	藏曆第十三饒迴水牛年	清高宗乾隆五十八年	清軍攻入廓爾喀，廓爾喀投降議和。清朝制定《欽定藏內善後章程》二十九條。
公元 1801 年	藏曆第十三饒迴鐵雞年	清仁宗嘉慶六年	土觀•洛桑卻吉尼瑪著《土觀宗教源流》。
公元 1830 年	藏曆第十四饒迴鐵虎年	清宣宗道光十年	按照駐藏大臣傳達的旨意，噶廈派人清查各地的差稅負擔，編寫成《鐵虎清冊》。
公元 1841 年	藏曆第十四饒迴鐵牛年	清宣宗道光二十一年	森巴軍進犯西藏，西藏出兵反擊。
公元 1888 年	藏曆第十五饒迴土鼠年	清德宗光緒十四年	英國軍隊侵略帕里地區，西藏軍民首次抗英戰爭。
公元 1904 年	藏曆第十五饒迴木龍年	清德宗光緒三十年	英國軍隊侵略西藏，西藏軍民在江孜英勇抵抗，失敗。十三世達賴喇嘛逃離拉薩去外蒙古庫倫。英軍進入拉薩，強迫訂立《拉薩條約》，共十條。
公元 1906 年	藏曆第十五饒迴火馬年	清德宗光緒三十二年	十三世達賴喇嘛從外蒙古回藏，行至青海塔爾寺奉旨停止，等候進京。中英在北京簽定《中英續定藏印條約》，將《拉薩條約》作為附約。
公元 1908 年	藏曆第十五饒迴土猴年	清德宗光緒三十四年	十三世達賴喇嘛進京朝見光緒皇帝和慈禧太后，於第二年返回拉薩。
公元 1910 年	藏曆第十五饒迴鐵狗年	清宣統帝宣統二年	清朝派川軍抵拉薩。十三世達賴喇嘛為自身安全逃往印度。
公元 1912 年	藏曆第十五饒迴水鼠年	民國元年	中華民國政府在北京成立，設蒙藏事務處。達賴十三世從印度回藏，西藏地方政權製造「驅漢事件」。駐藏大臣系統至此瓦解。
公元 1923 年	藏曆第十五饒迴水豬年	民國 12 年	九世班禪曲吉尼瑪從日喀則出走，次年抵甘肅。再到北京、東北、內蒙古等地傳法。
公元 1928 年	藏曆第十六饒迴土龍年	民國 17 年	國民黨在南京成立國民政府，設蒙藏委員會。次年班禪駐京辦事處成立。
公元 1933 年	藏曆第十六饒迴水雞年	民國 21 年	十三世達賴喇嘛土登嘉措圓寂。
公元 1934 年	藏曆第十六饒迴木狗年	民國 22 年	熱振活佛出任攝政，國民政府派黃慕松進藏致祭十三世達賴喇嘛，設立蒙藏委員會駐藏辦事處。
公元 1937 年	藏曆第十六饒迴水牛年	民國 26 年	九世班禪在青海玉樹圓寂。
公元 1939 年	藏曆第十六饒迴土兔年	民國 28 年	在青海尋訪到的十三世達賴喇嘛轉世靈童抵達拉薩。
公元 1940 年	藏曆第十六饒迴鐵龍年	民國 29 年	十四世達賴喇嘛在布達拉宮坐床，國民政府派蒙藏委員會委員長吳忠信入藏主持。次年熱振活佛辭職，大扎活佛繼任攝政。
公元 1947 年	藏曆第十六饒迴火豬年	民國 36 年	原攝政熱振活佛被噶廈逮捕，死於獄中。
公元 1949 年	藏曆第十六饒迴土牛年	民國 38 年	十世班禪在青海塔爾寺坐床。
公元 1950 年	藏曆第十六饒迴鐵虎年		10月，人民解放軍進行昌都戰役，一舉殲滅阻擋西藏解放的藏軍主力。
公元 1951 年	藏曆第十六饒迴鐵兔年		《中央人民政府和西藏地方政府關於和平解放西藏辦法的協議》在北京簽定。人民解放軍進駐拉薩。十世班禪從青海啟程進藏。
公元 1952 年	藏曆第十六饒迴水龍年		十世班禪到達拉薩，在布達拉宮會見十四世達賴喇嘛。毛澤東在北京接見西藏致敬團。
公元 1954 年	藏曆第十六饒迴木馬年		十四世達賴喇嘛和第十世班禪分別啟程前往北京，出席全國第一次全國人民代表大會，達賴喇嘛當選全國人大常委會副委員長，班禪當選人大常委會委員。在全國政協二屆一次會議上，班禪當選全國政協副主席。青藏、川藏公路正式通車到拉薩。
公元 1956 年	藏曆第十六饒迴火蛇年		西藏自治區籌備委員會成立大會在拉薩舉行，由達賴喇嘛任主任委員，班禪為副主任委員。陳毅副總理率領的中央代表團到達拉薩。
公元 1959 年	藏曆第十六饒迴土豬年		3月，西藏地方政府和上層反動集團在拉薩製造武裝叛亂。十四世達賴逃離拉薩。人民解放軍奉命平息叛亂，國務院發布命令，解散西藏地方政府，由西藏自治區籌委會行使西藏地方政府職權，班禪代理籌委會主任委員，帕巴拉•格列朗杰為副主任委員，阿沛•阿旺晉美為副主任委員兼秘書長。西藏進行民主改革，宣布廢除封建農奴主土地所有制。
公元 1960 年	藏曆第十六饒迴金鼠年		拉薩召開第一屆人民代表大會，成立拉薩市人民政府。拉薩納金水電站建成交付使用。中國登山隊首次從北坡登上世界最高峰珠穆朗瑪峰。
公元 1961 年	藏曆第十六饒迴金牛年		中國邊防部隊勝利地進行了中印邊界反擊戰，並主動採取措施積極謀和中印邊界問題的和平解決。

公元 1965 年	藏曆第十六饒迴木蛇年	9月，西藏自治區正式成立，中央派遣由副總理謝富沼為團長的代表團前來祝賀。
公元 1966 年	藏曆第十六饒迴火馬年	西藏也開始搞文化大革命，成立了文化大革命領導小組。曲水大橋建成通車。林芝毛紡廠建成投產。貢嘎機場建成通航。
公元 1968 年	藏曆第十六饒迴土猴年	中國科學院綜合科學考察隊對珠穆朗瑪峰地區作大規模考察。
公元 1970 年	藏曆第十六饒迴金狗年	西藏辦起了 600 多個人民公社。
公元 1972 年	藏曆第十六饒迴水鼠年	中央批准修建從喀爾木到拉薩的輸油管道。
公元 1975 年	藏曆第十六饒迴木兔年	中國登山隊再次從北坡登上珠穆朗瑪峰。以華國峰為團長的中央代表團到西藏祝賀西藏自治區成立10周年。
公元 1976 年	藏曆第十六饒迴火龍年	尼泊爾國王比蘭德拉到西藏進行友好訪問。滇藏公路建成通車。
公元 1978 年	藏曆第十六饒迴土馬年	羊八井地熱電站初步建成，試發電成功。西藏農牧學院成立。沃卡電站建成供電。
公元 1980 年	藏曆第十六饒迴金猴年	中央召開第一次西藏工作會議，確定了西藏新時期的工作方針。胡耀邦、萬里到西藏進行考察。
公元 1981 年	藏曆第十六饒迴金雞年	胡耀邦在北京接見西藏少數民族參觀團。羊八井地熱電站開始向拉薩供電。
公元 1982 年	藏曆第十六饒迴水狗年	西藏人口普查，總人口為189.2萬人，藏族為178.65萬人。
公元 1983 年	藏曆第十六饒迴水豬年	西藏農牧區普遍實行包幹到戶的生產責任制。西藏連續 3 年乾旱，災情嚴重。
公元 1984 年	藏曆第十六饒迴木鼠年	中央召開第二次西藏工作座談會。決定由 9 省市幫助西藏建設 43 項中小型工程項目，至 1985 年全部竣工。拉薩衛星通訊地面站建立。
公元 1985 年	藏曆第十六饒迴木牛年	中央批准修建羊卓雍錯湖水電站。西藏大學在拉薩正式成立。西藏佛學院正式成立並舉行開學典禮。青藏公路瀝青路面全面鋪通。西藏電視台成立。為慶祝西藏自治區成立20周年，以胡啟立為團長的中央代表團到藏祝賀。
公元 1986 年	藏曆第十六饒迴火虎年	十世班禪到西藏主持拉薩祈禱大法會。
公元 1987 年	藏曆第十六饒迴火兔年	拉薩發生少數分裂主義分子進行騷亂的嚴重事件。喜馬拉雅山地區遭受暴風雪，西藏軍區派直升機救援，300 多名中外遊客全部脱險。
公元 1988 年	藏曆第十六饒迴土龍年	中央政治局常委喬石到西藏考察工作。班禪東陵扎什南捷在日喀則扎什倫布寺重建竣工。
公元 1989 年	藏曆第十六饒迴土蛇年	1月28日第十世班禪大師在扎什倫布寺圓寂。3月，西藏拉薩發動反革命騷亂，中央在拉薩實行戒嚴。西藏大學藏醫學院成立。綜合考察「一江兩河」中部流域地區。布達拉宮大規模維修動工。
公元 1990 年	藏曆第十六饒迴金馬年	4月，李鵬總理發布解除拉薩戒嚴的命令。中共中央總書記江澤民到西藏考察。
公元 1991 年	藏曆第十六饒迴金羊年	「一江兩河」中部流域綜合開發工程陸續開工。拉薩各界隆重集會紀念西藏和平解放 40 周年。內地 26 個省市開辦西藏中學和西藏班。
公元 1992 年	藏曆第十六饒迴水猴年	援助西藏發展基金會在北京成立。十七世噶瑪巴活佛在楚布寺認定坐床。
公元 1993 年	藏曆第十六饒迴水雞年	第十世班禪大師靈塔祀殿在日喀則扎什倫布寺落成開光。那曲地熱電站建成發電。
公元 1994 年	藏曆第十六饒迴木狗年	大昭寺維修工程通過驗收。第三次西藏工作座談會在北京召開，會上落實了西藏經濟和社會發展急需的62項援藏工程。國家共投資5,300萬元維修布達拉宮工程，經過先後 10 年努力終於圓滿竣工。
公元 1995 年	藏曆第十六饒迴木豬年	第十世班禪轉世靈童認定的金瓶掣籤在大昭寺進行。中央政府批准經掣籤認定的堅贊諾布為十一世班禪。十一世班禪的坐床大典在扎什倫布寺舉行。

參考書目

- 《中國西藏》雜誌社編輯、出版《中國西藏》，總第 1-44 期。
- 《中華人民共和國地圖集》(縮印本)，地圖出版社，1984 年。
- 《西藏概況》畫集編輯委員會編《西藏概況》，西藏人民出版社，1987 年。
- 《紀念川藏青藏公路通車三十周年文獻集》，西藏人民出版社，1984 年。
- 《當代中國的西藏》編輯部編《當代中國的西藏》，當代中國出版社，1991 年。
- 人民美術出版社、香港三聯書店、西藏自治區文聯編輯《西藏》(畫冊)，人民美術出版社、日本國美術出版社，1982 年。
- 中國民族學院少數民族文學藝術研究所主編，楊樹文、張加言、安旭、羅丹編著《八思巴畫傳》(西藏佛教唐嘎藝術)，西藏人民出版社、新世界出版社，1987 年。
- 牙含章著《班禪額爾德尼傳》，西藏人民出版社，1987 年。
- 牙含章編著《達賴喇嘛傳》，西藏人民出版社，1984 年。
- 王沂暖、唐景福著《藏族文學史略》，青海民族出版社，1988 年。
- 王家偉、尼瑪堅贊著《中國西藏的歷史地位》，五洲傳播出版社，1997 年。
- 王森著《西藏佛教發展史略》，中國社會科學出版社，1987 年。
- 王輔仁、索文清編著《藏族史要》，四川民族出版社，1982 年。
- 王輔仁、陳慶英編著《蒙藏民族關係史略》，中國社會科學出版社，1985 年。
- 王輔仁編著《西藏佛教史略》，青海人民出版社，1982 年。
- 民族文化宮編《中國西藏社會歷史資料》，中國民族攝影藝術出版社，1991 年。
- 次旺仁青攝影並編《色拉大乘洲》，民族出版社，1995 年。
- 西藏自治區文物管理委員會編《西藏文物精萃》，故宮博物院紫禁城出版社，1992 年。
- 西藏自治區文物管理委員會編《西藏唐卡》，北京文物出版社，1985 年。
- 西藏自治區概況編寫組編《西藏自治區概況》，西藏人民出版社，1984 年。
- 西蒙•諾曼登著《西藏：失落的文明》，企鵝集團出版，1988 年。
- 赤列曲扎《西藏風土志》，西藏人民出版社，1982 年。
- 吳豐培、曾國慶編撰《清代駐藏大臣傳略》，西藏人民出版社，1988 年。
- 恰白•次旦平措、諾章•吳堅、平措次仁著，陳慶英、格桑益西、何宗英、許德存譯《西藏通史——松石寶串》，西藏社會科學院、中國西藏雜誌社、西藏古籍出版社聯合出版，1996 年。
- 格桑卓噶、洛桑堅贊、伊蘇編譯《鐵虎清冊》，中國藏學出版社，1991 年。
- 陳舜華編著《西藏》，中華書局，香港，1977 年。
- 章嘉•若貝多杰著，蒲文成譯《七世達賴喇嘛傳》，西藏人民出版社，1989 年。
- 達倉宗巴•班覺桑布著，陳慶英譯《漢藏史集》，西藏人民出版社，1986 年。
- 廖東凡、張曉明著《活佛從圓寂到轉生》，華文出版社，1997 年。
- 廖東凡著《雪域西藏風情錄》，燕山出版社，1992 年。
- 劉原、葉於順、阿旺丹增編著《中國西藏郵政郵票史》，西藏人民出版社，1995 年。
- 劉勵中編輯、攝影《藏傳佛教藝術》，三聯書店香港分店、天津人民美術出版社聯合出版，1987 年。
- 歐朝貴、其美編著《西藏歷代藏印》，西藏人民出版社，1991 年。
- 藏族簡史編寫組編《藏族簡史》，西藏人民出版社，1985 年。
- 譚其驤主編《中國歷史地圖集》，三聯書店，香港，1992 年。